## だれでもわかる

# 地域通貨入門

**未来をひらく希望のお金**


森野栄一［監修］

あべよしひろ・泉留維［共著］

北斗出版

目次

装丁・装画・本文イラスト　宮川和夫事務所

# まえがき

それは一九九九年四月二六日のことでした。第十四回統一地方選挙後半戦の開票結果が載っていた新聞を読んでいて、ふと「皆はどういう基準で選んでいるのだろう?」という素朴な疑問が浮かんできたのです。これまで私はほとんど選挙に行くことがありませんでした。なぜなら、立候補者のことを何も知らないからです。誰がどんな政策を持っているのか、どんな意図を持って政治の世界に打って出るのか、人間的に信頼できるのか、本当に社会を良くしたいと思っているのか、それとも私利私欲のためなのか。判断できる材料が何もないからです。表面的な材料となるものなら僅かながらあります。しかし、それが信憑性のあるものだとは思えないのです。人間の心の奥底など決して他人には分かりません。分からないのに投票するなんて、それこそ無責任だと思っていました。それに、政治に対する圧倒的な、それでいて余り根拠のない不信感もありました。どうせ誰がやったって社会はたいして変わるわけじゃない。(自分のことは棚に上げて)国民全体の意識が変わらなければ意味がない。そんな風に考えていました。

前日の選挙に行く際も、私は誰に投票して良いものか迷っていました。結局、たまに我が家に活動報告のビラを入れてくれる女性候補に入れてしまいました。その女性の他に活動らしい活動をしている人を知らないからです。妻に聞いてみたら、ポスターで見て「良い人そうな人に投票した」ということです（苦笑）。「おいおい、そんなことでいいのか？」と（これまた自分のことは棚に上げて）呆れました。でも、その瞬間「ちょっと待てよ。そんなことで投票してくれるなら俺でも当選出来るんじゃないか？」というバカな考えが頭をよぎりました。

もともと「この社会を何とかしたい」という想いは子供の頃からありました。競い合い、奪い合い、傷つけ合い、殺し合う、そんな社会が大嫌いだったからです。だから、なるべく他人を傷つけないよう傷つけられないよう距離をとって生きてきました。頭悪い、金もない、コネもないとないないづくしの私には、社会を変えることなど到底できないと頭から可能性を否定していました。しかし、僅かながらも可能性があるのではないかと思うと、その妄想はどんどん加速していき、「よーし、ダメでもともと。一丁やってみよう！」と無謀な決意をするに至りました。誤解して頂きたくないのは、私は別に政治家になりたいわけではないのです。この社会がハッピーになってくれさえすれば良いのです。それをしてくれるのなら自民党でも民主党でも喜んで応援します。もともと私は他人と対立するのが嫌いです。どんな人でもその人なりに「良い」と思うことをやっていると思うからです。でも、何かが足りない。何だろう？　とりあえず色々な市民運動を始め、活動しながら勉強していきましたが、どうも核心には触れていないような気がしていました。

そんな時、知人のジャーナリストから「すご～く面白いから見てみろよ」と、ＮＨＫで放映された『エンデの遺言～根源からお金を問う～』という番組を紹介されました。それには世界各地で行われている新しいお金の試みが取り上げられていました。衝撃でした。「これだ！」と思いました。「お金のシステム」それがこの社会に重大な影響を与え続けている。これを変えない限りハッピーな社会はつくれない。理論的にはまだよく解っていませんでしたが、直感的にそう思いました。

社会とはシステムです。歪んだシステムに従っていては、人間も自然と歪んでいってしまうのは道理です。宮崎県に幸島という猿の島があります。「正しい環境の中では競争は発生しないのでは？」と仮説を唱えたある学者さんが、その幸島を舞台に実験を始めたそうです。そして、猿にとって考えられる限り最高の環境を整えた所、まずボス猿という存在がいなくなったそうです。次に、餌を皆で分け合うようになり、子供やメスから餌をあげるというように弱い者を助けるようになったそうです。さらに非常に大人しくなり、人間を怖がらなくなったとのこと。また、病気や奇形の猿もほとんどいなくなってきたとのことです。仮説の正しさに自信を持ったその学者さんは、牛や鶏の牧場でも同じような実験を試みたところ、似たような成果が得られたとのこと。この事例は何を示しているのでしょうか？　人間も正しい環境に身をおけば平和になれるのではないでしょうか？

この「正しい環境」を定義することは非常に難しいのですが、私は最低限「必要以上のストレスを与えない社会」をつくる必要があると思っています。それは選択肢が多く、自律していて、他の価値観に寛容である社会。そして必要に応じてお互いに助け合える社会です。そんな社会をつくるためのツールを人類は今、手にしようとしています。世界で二六〇〇ものコミュニティで試みられている地域通貨の実験がそれです。

この本では、まず今の「お金のシステム」の何が問題なのか、その結果として世界に何が起きているのかをご説明していきます。次に地域通貨とは何かについて触れた後、世界で試みられている地域通貨の実験例をご紹介します。さらに、地域通貨を使うとどのような社会が築けるのか、未来の私たちの生活を予想してみます。そして、最後に自分達で地域通貨のシステムを立ち上げたいという人のために、その方法もご紹介致します。また、付録として巻末に日本で稼動している地域通貨の紹介と、一市民である私がつくった日本版のＬＥＴＳ（レッツと読みます）であるレインボーリングというシステムを紹介させて頂きます。

この本を読めば社会や未来に絶望していた人も希望を見出せるはずです。地域通貨は希望の扉をひらく鍵なのです。地域通貨は誰とも対立せず市民レベルで起こせるやわらかな革命です。それではまず、意外と知られていない「お金の世界」を探検していきましょう。

本書を書くにあたりご協力いただいた中で以下の四人の方について一言触れさせていただきます。

監修者として本書の全体に目を通していただいた森野栄一さんは、経済アナリストでありゲゼル研究家です。経済の素人である私に、広い心でおしげもなく有意義かつ貴重な情報を色々と教えてくださったことに特別の感謝の意を表明させていただきます。

また、最新の地域通貨についての動向を丹念に調べ、鋭い洞察を加えた素晴らしい論文を資料としてご提供してくださった泉留維さんにも同様の感謝の意を表明させていただきます。第四章・第五章は泉さんの論文をもとに私が加筆・リライトしたものですが、内容のオリジナリティは泉さんにありますので共著者になっていただきました。

さらに広田裕之さんからはアルゼンチンのＲＧＴについての情報をいただきました。どうもありがとうございます。

また、杉浦則之さんにもたいへんなご厚意を頂きました。レインボーリングを旗揚げする際、『エンデの遺言』しか情報がなく途方に暮れていた時に、オーストラリアに視察に行った杉浦則之さんのグループの貴重な体験談を聞き、具体的なイメージを抱くことができました。また、その時に教えて頂いた『ＬＥＴＳプレイ　バージョン２』なしには、この本の第八章はあり得ないものです。なお杉浦則之さんのグループでは、「ＬＥＴＳプレイ　バージョン２」をもとに日本向けに開発した「ＬＥＴＳゲームキット」（二〇名用）を販売しています。詳細については〈電話＆ファックス〇五六六―五二―一五三三〉にお問い合わせください。

# 第一章
# お金の歴史

今、世界は大変危機的な状況にあります。経済問題は勿論、環境問題、高齢化問題、失業問題、モラルの低下など現代における様々な問題の根底にはお金の問題が絡んでいます。ギリシャには「病気の原因がわかれば、その病気は治ったも同然である」という諺があります。そこでまず、お金の歴史を大まかに振り返りながら、今のお金のバックボーンとなるものをみていきたいと思います。

## お金の成り立ち

昔々、人間は自分達の生活に必要なものはすべて自分達で作りださなければなりませんでした。それはとても効率が悪く、大変な作業です。それに自分達では作りだせないものもあります。そこで、他人が作ったものと自分が作ったものを交換する必要性が生まれました。これが物々交換と言われるものです。

しかし、物々交換は交換の手段としてはとても不便でした。たとえば、あなたが釣りの名人だとしましょう。そして、魚を焼くときにかける塩がほしいとします。塩を作っている人が魚をほしがっていれば、交換はスムーズに成立します。しかし、相手がベジタリアンで「魚よりジャガイモがいい」と言った場合は、そうはいきません。あなたは畑でジャガイモを作るか、余分なジャガイモを持っていて、なおかつ魚をほしがっている人を探さなければなりません。このように物々交換はお互いの間で欲求や必要がピッタリ合っていないと交換がスムーズにいかないのです。

この不便さを解消するために、何にでも交換できる媒体が考えだされました。それが「お金」と呼ばれるものです。つまり、お金とは、それを持ってくれれば相当分の物と交換しますよという「取り決め」だったのです。お金が発明されたおかげで社会の分業化が発達していくことになります。

## 商品貨幣から金属貨幣へ

お金として初めから今のような紙幣や硬貨が使われていたわけではありません。米や小麦、塩、油、布、皮革、牛や羊といった、その土地で多く作られ、誰もが生活していく上で必要としている物をお金として使っていました。このような貨幣を「商品貨幣」といいます。商品貨幣には不便な点がたくさんありました。お米や小麦は古くなれば品質が悪くなりますし、少額の取引を行う度に牛を切り刻むわけにはいきません。塩ばかりあっても腎臓を悪くするだけです。それに自然物は天候に左右されるので供給にムラがでます。

次第にお金は「必需性の高さに基づいたもの」から「希少性に基づいたもの」へと変わってゆきます。希少性とは、それ自体が少ししか存在しない珍しいもので、皆がほしがるようなものです。このことは後の社会を形成する際に多大な影響を与えてゆくことになります。なぜなら、希少性に基づくということは、常に大衆に「足りない」という意識を植え付けるからです。「足りない」という意識は競争を生み出します。誰かが豊かになればなるほど別の誰かは、より足りなくなってしまうのです。生き残るためには競争に勝たなければなりません。

最初にお金として世界的に使われたものはタカラ貝でした。この貝は美しい色艶をしており、硬く、粒も揃っているので、ネックレスなどのアクセサリーとして世界の広い地域で使われ大切にされていました。買・資・財・貯などお金に関する漢字に貝がついているのは、その名残です。

やがて鉱石から金属を採る技術が発達してくると貴金属がお金として使われるようになりました。貴金属は腐ったり、すり減ったり、なくなったりすることがあまりありません。また、自由に分割したり足し合わせたりすることもできますし、少量でも交換価値が高いので持ち運びにも便利です。こうして長い年月が経つうちに世界中のほとんどの地域で金属がお金として使われるようになりました。このようなお金を「金属貨幣」といいます。

しかし、金属貨幣も最初の頃は受け取るたびに品質を調べたり重さを量ったりと不便な点もありました。そこで大きさと重さ、混合物の量がきちんと決められたお金＝鋳造貨幣がつくられるようになったのです。

## 紙幣の登場

紀元前六世紀頃には各国で盛んに鋳造貨幣がつくられました。しかし誰もが勝手につくってしまっては信憑性が薄くなるので、やはり、いちいち取引の度に調べなければなりません。しだいに国王

や貴族などの権威ある人に鋳造貨幣をつくり発行する権利が集中してゆきました。〔注1〕

しかし、この鋳造貨幣もまた不便でした。金属であるだけに重いのです。普段持って歩くのも大変ですし、大きな取引では大量の貨幣を運ぶだけで大仕事です。そこで登場してきたのが「兌換券《だかんけん》」という紙幣でした。この兌換券を銀行に持っていけば、いつでも相当分の金貨または銀貨と換えることができるという証書みたいなものです。

このような経緯があったからこそ、ただの紙切れが「お金」として何にでも交換できる魔法のような力を持つことができたのです。

## 本位貨幣制度

近代になって資本主義が発展・拡大しはじめるとたくさんの銀行が生まれました。そして、それぞれの銀行が預金を受け入れ、それに対する借用証書として「銀行券」という兌換券を発行しました。日本でも明治十年代までは主要都市にそれぞれ銀行があって、個々に銀行券を出していました。しかし、一八八二年に公布された日本銀行条例によって日本銀行が中央銀行として定められ、銀行券は中央銀行のみが発券できるというようになりました。そして、一八八五年から国家通貨としての日本銀行券が発行されたのです。江戸時代の複数通貨制を廃止した理由は色々と推測されていま

〔注1〕本格的に国家通貨が登場したのは一八五〇年前後からです。

すが〔注2〕、一番の大きな理由は日本を近代国家にするため、つまり中央集権型の国家を作るためだと言われています。同一の貨幣で経済活動をおこなうということは仲間意識を持ちやすくなるのです。すべての人々に「日本人」という意識を持たせたいという狙いがあったようです。

中央銀行が自分の持っている金をもとに「中央銀行券」という紙幣を発行する仕組みを金本位制度といいます〔注3〕。ですから本位貨幣制度のもとでは、銀行は手持ちの金以上の紙幣を発行することができませんでした。昔の紙幣には「この札と引き換えに金何グラムをお渡しします」という意味の文章が書かれていました。しかし今の紙幣にはどこにもそんな文章は書いてありませんよね。それは兌換券であった紙幣が、一九三〇年代に起こった世界恐慌の影響で、不換券となってしまったためです。

## 金本位制度の崩壊

一九二九年の秋、アメリカの株式市場が大暴落して世界中で大恐慌が起きました。経営がおかしくなった企業は、銀行に駆けつけて現金を引き出します。はじめのうちは銀行もおとなしく銀行券を渡していましたが、苦しくなった企業が増えるにつれ、預金引出しを渋るようになりました。そうなると預金を引き出すのに銀行券をもらうのが不安になり「金貨で返せ」ということになります。しかし、それだけの金貨が銀行にはありませんでした。銀行は手持ちの金以上の銀行券を発行していたのです。そこでますます銀行券は信用されなくなり、兌換要求に応じられない銀行は倒産に追い込まれました。そうなると倒産した銀行に預金していた企業も巻き添えを食らって倒産してしまいます。このように倒産の嵐が吹き荒れ、失業者が街にあふれてしまったのです。

このような事態で、金が人々の必要とする量だけ存在していないことが明らかになってしまいました。もはや中央銀行にとって、兌換要求に応じて金を引き渡すことは不可能です。こうして金本位制度は崩壊しました。しかし、信用の根拠は失ってしまったものの「他に信用できるものがないのなら仕方がないからこれを信用して使っていこう」ということで、中央銀行券は不換券としてリ

〔注2〕この理由については諸説ありますが他の主要な五つの説をご紹介します。

・政府が必要な資金を常に確保するため。

・資金を集めコントロールして国家に力をつけさせるため。

・商取引の範囲が広くなるにつれて代金の収受を遠方の相手とするようになり、銀行券が雑多だとそれが信用してよいものかどうか判らないため。

・小さな銀行の中には倒産する所もあるので、銀行券の信用を保つため。

・軍事費を調達しやすくするため。

〔注3〕もともと鋳造貨幣はそこに含まれている金属の実質的な価値と交換の時の額面が一致していました。貨幣として使っても、潰して地金として売っても同じ値段だったのです。このように　実質価値と額面価値が一致している貨幣を本位貨幣といいます。

ニューアルし、生き残っていきます。だから、今のお金の根拠となるものは「それを皆がお金として使う」という信用しかないのです。しかし、他に信用できるものがないから仕方なく使っていくというのは何とも心もとないですね。そこで「税金その他、国に対する支払いは中央銀行券で受け取る」と法律で定め、〔注4〕中央銀行券の使用を実質上強制しました。

この頃からお金は糸の切れた凧のように不安定なものとなってゆきます。その中で最も重大な変化は「預金者への借用証書」であった銀行券が、立場を逆転し、銀行へいつかは返済すると言う「銀行への借用証書」となってしまったことでしょう。

〔注4〕このように法律によって認められた通貨を「法定通貨」といいます。

# 第二章
# 今のお金の何が問題なの？

前章では大まかにお金の歴史を振り返って、今のお金のバックボーンを見てきました。ここではお金の流れを追いながら何が問題なのかを考えてみたいと思います。今のお金には構造的な問題点が色々隠されているのです。

## 二種類のお金

いまや私たちの生活にとってお金は欠かせません。何をするにもお金が関わってきます。このお金には、よく考えてみると二種類あるといえるのではないでしょうか？　私たちが普段使っているのは日本銀行券です。千円札とか五千円札、一万円札ですね。これは市中銀行（東京三菱銀行やさくら銀行など一般の銀行のこと）にとっての銀行、つまり中央銀行が発行したお金です。日本銀行券自体は、いつまで持っていても千円は千円です。

しかし、この日本銀行券は貸し借りされていますね。借りたお金も、もちろん同じお金として使えますが、日本銀行券と違うところが一つあります。それは「利用するのに利子を支払う必要のあるお金」だということです。取引をするにはお金が必要です。しかし、日本銀行券はその取引をまかなえるほどの量は出ていません。市中に五〇兆円くらいしかないのです。足りない分は貸し借りを通して都合をつけていくほかありません。

## 死のギャンブル

もし、お金が充分あれば何も利子のつくお金を借りる必要はないですよね。つまりお金は取引で必要とされている分より少ない程度にしか出回ってないのです。いにしえより伝わる「希少性」というものに基づいたままなのです。必要量より存在量が少ないということは、当然、そこで競争が発生します。そうするとお金に「利子」という利用料が成立してしまいます。これは誰かが生産したものを先取りすることに通じます。利子はお金を持っている者がそれを貸し付けただけで請求するもの、社会の富に何も付け加えていないのに、富に対する請求権を主張するものだからです。これはよく椅子取りゲームにたとえられるものです。ゲームが始まる前に椅子が取り去られますね。その椅子が利子なわけです。

普通お金を借りる時には担保が必要です。担保という言葉は英語でMortgageと言い、元々はフランス語に由来していて、前半のMortは死を、後半のgageはギャンブルを意味しています。つまり財産を担保として借金をするということは「死のギャンブル」に通じるのです。お金を借りれば元本プラス利子を返さなければなりません。しかし実際には、現金としては元本の分しか世の中に出回っていないのです。これは社会がなぜ競争を助長するのかを考えるにあたり非常に重要なポイントです。一般の消費者が使えるお金は元本の分だけなのですから、不足している利子の分は誰かの元本分を奪ってこなければ返済できないのです。そして、その争いに負けた者は財産を没収されていくのです。どれだけの人間が生き残れるか、それは利子率に大きく依存していると言えるかもしれません。

## 無から生み出されるお金

紙幣を発行しているのは日本銀行だけですが、他の銀行も「信用創造」〔注1〕という形でお金を作りだしています。たとえば私たちが銀行にお金を預けた場合、これは私たちにとって資産となりますが、銀行にとっては負債となります。でも、この預金を銀行は金庫にしまっておくわけではありません。預金者は必ずしも全額下ろしにはきませんから、いくらかの支払い準備金をとっておいて、残りのお金を他の人に貸し出します。そのとき借り手は現金で借入をするわけではありません。その銀行に口座が作られるわけです。その口座のお金も一度に全額下ろされるわけではありませんから、決まった支払い準備金を残して貸し出されます。この貸し出した金額は銀行にとって資産となります。

例をあげてみましょう。もし、千人から一〇万円ずつ預金があれば一億円になります。預金者はすぐに全額引き出すことはしませんから、口座に一〇%（一千万円）残して差額の九千万円をA社に貸し出します。この九千万円は銀行の資産ということとなります。この九千万円を元手に、また口座に一〇%（九百万円）残して八一〇〇万円をB社に貸し出します。正確にいえばB社の預金口座に八一〇〇万円が振り込まれ、数字上だけ八一〇〇万円の新たな預金が発生します。銀行は、ただ単にB社の口座に八一〇〇万円と印字すればいいだけです（この預金を派生預金といいます）。実際に紙幣という形で、お金が増えるわけではありません。この手順で貸し付けを繰り返していくと一億円の預金から九億円のお金を生み出すことができます。これは銀行のみに与えられた特権で「信用創造」といいます。こうして銀行は右から左にお金を動かすだけで次々にお金を生み出すことができるのです。そして、このとき貸し出されたお金はみな「利子」という使用料のかかるお金なのです。

## 利子の問題点

貨幣改革論者たちの間では「利子」という存在が、現在の貨幣システムにおける最大の問題点だとされています。〔注2〕利子によって豊かな者はより豊かに、貧しい者はより生活が苦しくなってしまいます。ところで皆さんは、利子は誰が払うものだと思っていますか？　直接的にはお金を借りた人、つまり債務者です。しかし、実際には間接的に私たち誰もが負担しているのです。

事業を起こすには資本金が必要です。資本金は事業者が自分で貯めたり株を〔注3〕発行して調達したり

〔注1〕民間銀行による信用創造の大きさは中央銀行のハイパワードマネーの供給量によって制約されています。
〔注2〕キリスト教は中世まで教義として利子を禁止していました。イスラム教は現在でも禁止しています。
〔注3〕株主には収益に応じて配当が支給されます。

複利で1000万円借りた場合の返済額（単位・千万円）

| | 5% | 10% | 30% | 40% |
|---|---|---|---|---|
| 元本 | 1000 | 1000 | 1000 | 1000 |
| 2年 | 1102 | 1210 | 1690 | 1960 |
| 4年 | 1255 | 1464 | 2856 | 3841 |
| 6年 | 1340 | 1771 | 4826 | 7529 |
| 8年 | 1477 | 2143 | 8157 | 14757 |
| 10年 | 1628 | 2593 | 13785 | 28925 |
| 12年 | 1795 | 3138 | 23298 | 56693 |
| 14年 | 1979 | 3797 | 39273 | 111120 |
| 16年 | 2182 | 4594 | 66541 | 217795 |
| 18年 | 2406 | 5559 | 112455 | 426878 |
| 20年 | 2653 | 6727 | 190049 | 836682 |
| 22年 | 2925 | 8140 | 321183 | 1639897 |
| 24年 | 3225 | 9849 | 542800 | 3214198 |
| 26年 | 3555 | 11918 | 917332 | 6299829 |
| 28年 | 3920 | 14420 | 1550292 | 12347665 |
| 30年 | 4321 | 17449 | 2619994 | 24201423 |

しますが、実際に事業を運営するには資本金だけでは足りず、ほとんどの企業が金融機関からお金を借りています。お金を借りれば当然利子がつきます。この利子の分も経費として価格に含まれています。利子の計算には単利と複利〔注4〕がありますが、複利の場合はその効果は破滅的なものです。たとえば一千万円を年利五%〔注5〕の複利で借りたなら一五年後には倍の二千万円を返済することになります。そして、これは返済期間が長くなればなるほど雪だるま式に膨らんでいきます。複利五%で一千万円借りて五〇年返済だとしたら総額一億一四六七万三九一〇円も返さなければなりません。実に利子だけで一億円を越えてしまいます。

現在、日本の貯蓄は世界最高で約一二〇〇兆円にもなります。この貯金にも利子がつきます。この利子はどこからくるのでしょう？　決して無から生まれるわけではありません。貯金も企業や公的な機関に貸し出され、料金の一部として組み込まれ、結局は私たち皆が負担をしているのです。そして貯蓄額に応じて豊かなものはさらに豊かになるように富が再分配されてゆくのです。

余談ですが、平成十一年に問題になった商工ローンの日栄の利子は年利約四〇％です。返せるほうが不思議な利子率です。債務者はもともとお金がないから借りに行っているのですから。そのために政府が取った対策は「四〇％はあまりに酷い。三〇％までにしよう」というものです。焼け石に水だと思ってしまうのは私だけでしょうか？

話を戻しましょう。日本の一般的な製品の流通過程は、まず原料生産者→加工業者→問屋→小売店となっています。また、その間に流通業者も挟まれています。そのそれぞれが金融機関からお金を借りていて、それぞれの利子が価格に組み入れています。ですから私たちが買っている商品やサービスの実に二〇％から五〇％は利子部分ないし資本部分なのです。今の社会では、こうした費用を賄わねばならないので、経済を成長させ続けていかなければならないようになっています。経済を成長させていくことが強制されているともいえます。しかし、それに合わせて価格を常に引き上げていくわけにはいきません。価格を引き上げれば競争に負ける企業もでてきます。残る手段は効率化、合理化を計ることです。しかし、それにも限界があります。一日は二四時間でしかなく一年は

〔注４〕複利というのは利子に利子がつくもので長期的な貸付などで採用されることが多いものです。

〔注５〕この五％というのは歴史的にみてほぼ平均的な利子率です。

三六五日でしかないのです。同じ期間で毎年毎年効率を上げることは非常に困難です。でも、それをしなければ倒産してしまう。だから良心が咎めても、非人道的なことをしてでも、環境を破壊してでも、売上げを伸ばし続けなければならないのです。そうしなければ自分たちが倒産という危機に陥ってしまうのです。ところが、効率をあげればあげるほど雇用は失われていきます。どちらにしろ、じわじわと真綿で首を絞められてゆくことになるのです。

労働者が働いても働いてもなかなか生活が楽にならないのは、利子に吸い取られてしまっているからです。働いても働いても生活は楽にならないのに忙しさだけは増していく。忙しいという字は「心を亡くす」と書きます。現代に心ない人や心ない事件が多発しているのも、利子の存在に一因があるのではないでしょうか？

## 移動する資本

貨幣システムの次なる問題点としては「資本は利益を求めて移動する」ということです。昔はたいてい街の中心に商店街があり、そこで地元の人達が生活に必要なものを調達していました。しかし、大資本がやってきて大型店舗をつくると、人々は安くて品揃えの多い大型店舗で買い物をするようになります。大型店舗は大量仕入れによって物を安く仕入れることができるからです。一時期、街は活況を呈し、人々もそれにつられて集まってきます。しかし、続々と大型店舗ができてくるとその地域での売上げを伸ばせなくなり、大資本は次なる市場を求めて移動します。その地域からお金をガッポリ持ち去って……。しかし、住民はそれに伴い移動することはできません。その地域には既に人を雇うお金もありません。失業者がたくさん出て、街は一気に活力を失います。人々は不安になり、さらに出費を抑えることで経済が滞ってしまいます。こうして破壊され、寂れた街がたくさん出てきています。

## 失業者問題

失業の問題は一般に考えられているより深刻です。平成十一年の日本の平均失業率は約四・七％です。これが平成十二年度には五％まで伸びるとの予想もされています。ヨーロッパの失業率はここ一〇年一一％程あります。日本もあと一〇年ほどで一〇％まで達すると予想する専門家もいます。世界規模で見ると、少なくとも七億人の労働者が失業中か、あるいはアルバイト等の生活を支えるには十分でない雇用状況にあります。二一世紀には技術革新により生産に必要とされてきた人間が不要となったり、情報社会となるために中間業者が不要になったりして、大量の雇用が失われる可能性があります。また、日本はこれまで「資本主義の皮を被った社会主義国」などと言われてきましたが、金融のグローバル化に伴い本格的な競争社会になっていきそうです。競争が激化すれば当然、脱落していく人も増えていきます。ここで重要なポイントは、仕事と雇用は同じではないということです。人間がするべき仕事はたくさんあります。しかし、雇用はお金が伴わないと発生しないのです。雇用がないということは収入がないということです。しかし、今の社会ではお金がなければ生きていけません。生存の危機に直面すると人間は何をしでかすか分かりません。過去、いろいろな大義名分をつけて行われてきた紛争や戦争も、多くは実質的に経済的な行き詰まりが引き金となっています。実際、失業率に比例して犯罪発生率も増えていきます。治安が悪くなればそれだけ対策費も必要になりますし、何より日常を脅えて暮らすストレスは相当のものです。そして、そのストレスは新たな犯罪を生み出す原因ともなります。また、自殺率も失業率に比例しています。特にこれまでの日本経済を支え、がんばってきた中高齢者層に多くみられます。さらに史上例を見なかったほどの少子高齢化が追い討ちをかけます。現在、一年間にかかる社会保障費は約七〇兆円ですが、二五年後には二七四兆円にもなると試算されています。この費用を私たちは捻出できるのでしょうか?

## 借金大国日本

平成十一年度末で日本の国債発行残高は三六四兆円、中央と地方を合わせた長期債務残高は六四七兆円と主要先進国の中でも最悪水準の借金を抱えています。あまりに額が大き過ぎて実感がないのですが、国の借金ですから当然これを返済するのは私たち国民です。つまり私たちはほとんど自覚がないまま国民一人当たり約五百万円、一家族につき約二千万円もの借金を背負わされているのです。この借金にも当然、莫大な利子がつきます。この利子を払うためにまた借金をしているという状況です。そして、その莫大な利子は債権保有者のところに自動的に分配されてゆくのです。

今のシステムのままでは、この負債を解消する手立ては三つしかないと言われています。一つ目が日本を破産させて借金をチャラにしてしまうこと。二つ目がインフレを起こしてお金の価値をなくしてしまうこと。三番目は戦争です。どれをとっても悲惨な状況になることは目に見えています。世界でも一、二を争う経済大国と言われる日本でさえ、その実態は破綻寸前なのです。

## 経済格差の問題

今のお金は、当り前ですが、お金を持っている人しか物が買えません。ですから当然、企業はお金を持っている人をターゲットに商品を出してきます。買う力のない人を相手にしていても儲かりませんから。そうなれば市場には、利益幅の大きい「高額商品」が多く出回ります。そうすると貧しい人達の生活は苦しくなり、仕方なく豊かな人にお金を借りに行きます。お金を借りれば利子がつきます。この利子によって豊かな人はますます豊かになり、貧しい人は利息を払うためにますます生活が苦しくなってきます。こうして経済格差がドンドン開いてゆきます。

マクロ的な視点で経済を見ると、現在、地球で最も豊かな二〇％の人達が、地球全体の所得の八二・七％を手に入れています。そして、あらゆる物とサービスの八六％、全エネルギーの五八％、肉や魚の四五％、紙の八四％を消費しています。逆に、最も貧しい二〇％の人は僅か一・四％の所得しかなく、一・三％しか消費していません。この中から毎日約三万五〇〇〇人が、年間で約一三〇〇万人が飢え死にしていきます。そのうち四人に三人は五歳以下の子どもです。

日本が「不況だ不況だ」といっても、東京だけで毎日五〇〇万食分の残飯を出しています。世界中から集めた大量の資源をゴミにして「捨て場がない」と大騒ぎしているのです。まったく奇妙な話で、本当に「物がない」わけではないのです。

また、世界中の人間が基本的な健康維持、栄養摂取をするのに必要とされる追加的な金額は年間わずか四〇億ドル程度と言われています。これは戦争をしないはずの日本が使う年間軍事費の一〇分の一にも満たない金額です。ですから「お金がない」わけでもないのです。ただ、必要としている所に必要なものがまわっていかないのです。

## 生存環境の喪失

貧困の中で生きる一部の人々は、生きていくために仕方なく違法行為に走ったりします。スリ、置き引き、かっぱらい、売春、麻薬、等々ですね。勿論、これが発展して殺人に至ることもたくさんあります。

また、貧困の中にいる人達の多くは豊かな人達を目指し、まず手っ取り早くお金になる自然を売りに出します。木を切って売り、森を焼いて畑にし、農薬と化学肥料をたっぷり使って土壌をダメにし、結果として砂漠化が急速に進んでいます。

今では毎年、日本の面積の四割にあたる熱帯林が失われていて、七〇〇万ヘクタールの土地が不毛な砂漠と化しています。七〇〇万ヘクタールといえば九州と四国を足した面積に相当します。このような速度で生存環境が失われており、年間にして四万種の生物が絶滅していっています。しかし、この人達を責めることはできません。死んでいくたくさんの子供たちが目の前にいるのですから、唯一の資産である自然を売り払うことを誰が責められるのでしょう。

## 世界不況

そうやって作った原料を豊かな人達は安く買いあげ、加工して高く売ることが多いため、貧しい人達はなかなか豊かになれません。取引においては経済力の大きい方が有利になる場合が多いからです。貧しい人々は、森を失い、土地を失い、苦境に陥っていきます。

仕方なく貧しい人達の一部は、豊かな人達からお金を借りて、より利潤の高い工業化を目指して行きます。お金を借りれば利子が発生します。お金を必要としている所には高い利子がつけられるのです。そして、先に述べたように複利は雪ダルマ式に膨らんでいきます。結局、そうした事業の多くは経営に行き詰まり、借りたお金を返せなくなります。そうすると貸した方もお金を回収できなくなり、貸し倒れが起ってきます。これが今の世界的な不況の一因となっています。

お金はしばしば血液にたとえられます。血液は人の身体を循環して必要としている所に必要としているものを供給します。しかし、今のシステムでは血が頭にばかり上ってしまい、足まで回っていかないのです。そうなると下の方から細胞が死んでいきます。当然、頭だけでは生きていけませんから、やがては全体が死に至るのです。

## オルタナティヴなマネーシステムへ

ここまでお金のシステムの問題点を挙げてきましたが、実はこのシステムにも良い点と言うのはたくさんあります。資本主義は富の蓄積により豊かさをもたらしました。文明が高度に発達したのも資本主義のおかげかもしれません。そのために私たちは便利で快適な生活を享受できているのでしょう。しかし、このシステムは、その構造上、成長と破綻を時計仕掛けに繰り返すものなのです。資本主義者の多くは、成長の過程がもたらすメリットばかり強調していますが、システムが唯一つしかない場合、破綻は全員に深刻なダメージを及ぼします。そして、その破綻はもう目前に来ているのです。しかし、そこにもう一つの協調的なマネーシステムがあればどうでしょう？　これが、オルタナティヴなマネーシステムが世界中に広まっている所以であります。次の章では、その期待の星である地域通貨とは何かについてご説明していきます。

第三章
# 地域通貨ってなに？

さて、ここで原点である「お金ってなに？」という問題に戻ってみたいと思います。前述のように元来お金とは、人間が豊かに暮らすために発明されたツールであり、単なる取り決めでしかありませんでした。取り決めであれば変えることも可能なのです。都合が悪い取り決めなら変えればよいのです。現在の問題点が多くなった取り決めの欠点を補完する意味で発達してきたのが地域通貨と呼ばれる新しい取り決めなのです。

## 地域通貨ってなに？

地域通貨とは、限定された地域でしか使えない通貨であり、法律で定められた国家通貨である円やドル、ユーロ等に対する言葉です。他にも補完通貨とか自主通貨、自由通貨、会員制通貨、コミュニティ通貨、グリーンドル、エコマネー、オリジナルマネーなどと呼ばれています。実際にはその地域の全員が使っているわけではないのですが、もっとも一般的なのが地域通貨という名称なので、本書でもそれを採用しました。

限定した地域でしか通用しない通貨を用い、地域内でお金を循環させることによって、経済の安定化・活性化をはかるとともに、グローバル化する経済によって崩壊しつつあるコミュニティを再構築するという狙いがあります。

地域通貨のもう一つの特徴は、利子のつかないお金だということです。利子の破壊的な性質については第二章でご説明したとおりで、地域において助け合う関係には相応しくありません。ですから、お金本来の働き＝物と物、物とサービスの交換手段である決済機能しか持たせていないのです。

## 急増する人口とお金の関係

では、今なぜグローバル化する流れの中で、ローカルの大切さが重要視されているのでしょうか？その社会的背景を見ていきたいと思います。

現在、地球では人口が爆発的に増え続けています。人類の長い歴史を見ても、この百年間で四倍という異常な数字を記録しています。特に、東南アジア、メキシコ、ブラジル、ソマリア、エチオピアなど途上国での人口が急増しています。その理由として一般には「娯楽がないから」「避妊方法を知らないから」「お金がないから避妊具が買えない」「教育レベルが低いから」などと考えられていますが、本当にそうなのでしょうか？

アボリジニやイヌイット、ピグミー、マサイ族など自給自足をしている人々は人口爆発を起こしていません。人口爆発を起こしているのは先進国に接触している国だけです。どうしてでしょう？

自給自足の中では人口爆発は起こりません。ところが先進国が途上国の物質的・人的資源を目当てに進出してくると、一時的にお金が流れ込み豊かになります。余裕ができると、その環境に合わせて人口が増えていきます。するとさらに多くのお金が必要になり、自給自足ではやっていけなくなります。そうなるとお金に依存する生活になるため労働力が多く必要になり、人口増加が加速されます。こうした循環の中で人口爆発は起こり、やがて資源は枯れていき、借金をするようになり、破綻を迎えます。つまり、もともとは先進国の依存型経済が原因なのです。

日本は現在、食料の六〇%、木材の七〇%、鉱物資源やエネルギー資源の九〇%以上を途上国に頼っています。でも、お金のマジックによって資源の少ない私達が豊かになり、それを売っている人達の多くはますます貧しくなっています。先進国の大量消費が自国の資源を食いつぶし、さらに途上国の資源を食いつぶそうとしています。一般的には途上国が自立することが大切だと言われていますが、実は先進国が自立することこそ大切なのです。

## 地域資源循環型経済へ

人口爆発に伴う問題は食料・エネルギー不足です。日本以外の先進国はほとんど自給できますが、日本は食料自給率四〇%、エネルギー自給率においては五%という輸入に依存した非地域資源循環型の国です。あと一〇年以内に世界規模の食料不足、石油枯渇によるエネルギー不足が起こると予測されています。自分の国で大切な食料・エネルギーが不足するというのに、果たしてその貴重な資源を他の国に売ってくれるのでしょうか？　自給率がもっとも低い日本はもっとも危険な国といえるのではないでしょうか？

### 地域資源循環型社会のメリット

・大型トラックによる長距離輸送が減る→大気汚染や酸性雨を軽減、化石燃料の節約
・交通渋滞の緩和
・舗装道路のダメージが減る→補修工事費の減少
・大量出荷に耐えるための過剰梱包をしなくて済む→ゴミの減少
・長期保存に耐えるための添加物の使用を減らせる→健康保持
・道路の新設工事が減る→大規模な自然破壊とそれに伴う動植物の絶滅を防ぐ
・諸外国の事情に左右されない安定した供給ができる
・途上国の自然を修復不可能なまでに破壊し、資源を奪いつくしているとの国際的な悪評を払拭できる

このような危機を回避するためにも、また、地球環境を守るためにも、早急に日本が自給率を回復し、地域資源循環型経済へ転換する必要があります。それを促進するものが地域通貨なのです。

## 地域共同体の再構築

現在、介護問題や親になりきれない大人による子供の躾の不備等、昔にはなかった問題がたくさん浮上してきています。これは所得倍増計画により核家族化が推進されたことに端を発していると言われています。経済を発展させるためには大家族が一つの家で家財を共有するより、家族を別々にして、それぞれに物を買わせる必要があったのです。そのような風潮に流され、私達は自由という名の孤独の中で老後の心配をしなければならなくなりました。昔なら家族の誰かが、もしくはご近所の誰かが当然のように老人や子供の世話をしてくれていたのに、人間同士のつながりが薄れてしまった社会では、何

でも自分で背負わなければなりません。それは過剰なストレスと寂しさ、不安を生み、精神の荒廃に結びついていきます。

私達は早急に人間同士の関わりを復旧する必要があるのではないでしょうか？　人と人とが信じ合える社会、助け合い支え合う社会づくりに貢献できるのが地域通貨なのです。

# 第四章
# 地域通貨の歴史

泉 留維

地域通貨は何も特別なものではなく、歴史上にたくさんの実施例がありますが、その中でも重要と思われる事例をご紹介させて頂きます。〔第四章および第五章は、主に同志社大学大学院・経済学研究科、泉 留維さんの修士論文『地域通貨の有効性についての考察～新たな地域内資金循環の可能性～』をもとに、泉さんの許可を得て本書のために、あべよしひろが加筆・リライトしたものです。〕

## オーウェンの「労働証書」―イギリスでの事例―

現在につながる流れとして重要なものは一八三二年にロンドンで導入された「労働証書」であると思われます。これは「時間」という「誰にでも平等」で「永遠に変わらないもの」を決済手段として使用するという試みで、この概念は後の地域通貨に大きな影響を与えました。

### ○導入の背景

一八二〇年、社会主義者のロバート・オーウェン（Robert Owen）は、その著書『Report to the Country of Lanark』で「いかなる財の価値も生産物を作るのに必要とされた時間からのみ計測できる」と主張しました。

一八二九年にアメリカからイギリスに帰ってきたオーウェンは、その主張を実現しようと「平等な労働交換」というコンセプトを掲げ、財によって担保された独自の通貨「労働証書」（Labour notes）を消費者協同組合に取り入れようとしました。

○システム

一八三二年九月、オーウェンはロンドンに労働交換所を設立しました。そこに参加した労働者は、生産した財に対して原材料の価値と生産するのに費やした平均労働時間を反映した「労働証書」を報酬として受取り、労働交換所において他の参加者が提供する様々な財と交換することができました。

「労働証書」の価値は一ペンスで一〇分、六ペンスで一時間の労働と等価です。流通している「労働証書」は財のストックの価値に一致すると想定されていました。また、運営費をまかなうためにすべての物に八・三三％の手数料が課せられました。

○実験経過

一八三三年にはバーミンガムにも支部ができ、リバプールやリーズにも広がっていったようです。八月の時点でメンバーが約五〇〇人にもなり、ロンドンとバーミンガムで一〇〇ポンドに相当する財が交換されるなど活発な取引があり、実験は成功したように見えました。

しかし、当初、個人や商店によって行われていた交換に企業や職人が入ってくると事情が変わってきました。彼らはオーウェンの掲げていたコンセプトとは関係なく、あくまで目先の経済的利益が目的だったからです。徐々にシステムに対する当初の満足感が減少し、信頼が崩れてきました。

そして、一八三三年秋には支払いが困難な状態に陥り、一八三四年五月以降、「労働証書」はまったく発行されなくなり、この実験は失敗に終りました。

実験の失敗には主に二つの理由が考えられています。

①財の質と量に関して、需要と供給を一致させることが難しかった。

贅沢品は倉庫に山積みされたけれど、最もニーズの多かった食料品は不足気味だった。

②財の価値の再評価が難しかった。

一時間の労働が六ペンスというのは、市場での稼ぎが少ない人には魅力的でも、稼ぎの多い人にとっては魅力がなかった。

その他にも準備不足、組織運営者の能力不足、交換を不当に利用しようとする投機家の存在などが挙げられます。

この実験は結局、失敗に終りましたが、特定のヘッジ・ファンドによってその価値が左右されてしまうような現行の貨幣システムを見直すにあたって一考に価する試みであると思います。

## シルビオ・ゲゼルの自由貨幣運動

一九二九年アメリカ株式市場の大暴落を機に世界大恐慌が起こりました。失業率は三・二％から二五・二％に上昇し、物価水準は約二五％も下落したのです。銀行は倒産に追い込まれ、優良企業もその煽りで次々に倒産し、街に失業者が溢れました。この時期ヨーロッパや北アメリカを中心に数多くの地域通貨が導入され、一部で大幅な失業率の低下など確実な経済効果を挙げました。その理論的背景となったのが、一九一六年にシルビオ・ゲゼル（Silvio Gesell, 一八六二年～一九三〇年）が著した『自由土地と自由貨幣による自然的経済秩序』[注1]です。

二四歳でアルゼンチンに移住し実業家として成功したゲゼルは、そこで通貨政策の混乱により経済がインフレとデフレを繰り返し、国民生活が破綻に貧している様子を目の当たりにしました。彼は貨幣制度と社会秩序に深い相関関係があると考え、「自由貨幣」という新たな貨幣制度を提案したのです。ゲゼルは「貨幣の流通量だけでなく、貨幣の流通速度も管理されなければならない」と考え、また「貨幣の流通は個人の気まぐれや投機家の貪欲さから自由でなければならず、管理されなければならない」と述べています。

その対策として「財が時間の経過と共に劣化していくように、貨幣もまた劣化していかなければならない」と言い、持ち越し税をかけることにより、事実上、貨幣を劣化させることを提案しました。そして、すべての商品の平均劣化率は年率約五％という計算を基に、貨幣もまた一年間に約五％劣化すべきであるとの結論に至ります。

前述の著書の中でゲゼルは「交換を媒介とするものとしての貨幣は公共の交通機関のように公共

〔注1〕この理論はケインズの「雇用・利子および貨幣の一般理論」の中でも高く評価されています。その中で彼は予言的に「後世の人々はマルクスの精神よりもゲゼルの精神から多くを学ぶであろう」と主張しています。

シルビオ・ゲゼル（Silvio Gesell）1862年～1930年　写真提供・森野栄一

財であり、使用の対価として少額の使用料を徴収するべきである」と述べ、具体的には、貨幣の使用者が郵便局等で印紙を購入し、毎月それを貼付しなければ価値を保持することができない「スタンプ通貨」を提唱したのです。この印紙代は商品の劣化率に近くなるよう、一週間で額面の〇・一％、年率になおすと五・二％に相当するものでした。

ゲゼルの「劣化する通貨」（Aging money）は「マイナス利子」のお金とも言われています。この「マイナス利子」のお金は何もゲゼルのオリジナルではなく、古くは古代エジプトや中世ヨーロッパでも採用されていました。この時期に立てられたピラミッドや芸術的な寺院の数々が、この「マイナス利子」のお金の効果を物語っています。自然界にあるほとんどの物質は時と共に劣化し、その価値をさげていきます。しかし「プラスの利子」のお金は時と共にその価値を上げ続けていきます。つまり「プラスの利子」のお金からみれば、自然界の多くの資源は、長期的には資産的に価値のないものになってしまうのです。

「プラスの利子」の社会では、利子率を上回る収益を得られる事業のみが投資に値します。このことは大規模な事業（工業的な農業や高速道路、原子力発電所など）を過大評価し過ぎることになります。そして、長期に低収益しか上げない事業（代替エネルギーやエコロジカルな農業や森林保護など）を犠牲にしてしまいます。実質利子率が高ければ高いほど、事業からあがる収益が高ければ高いほど「投資されるべき価値がある」ということになるのです。マイナス利子の場合は長期の見通しに立って投資されます。つまり、森の樹を育てたり、長年持つ建築物など、できるだけ長期に価値の持続するものに投資されていくことになるのです。一般的に流通速度が速くなることから経済効果のみに注目されていますが、交換が促進されて、いったん生活にとって基本的に必要なものが満たされれば、余ったお金の価値を減らさないために何かに投資する必要性が生まれます。その投資は自動的に、長期的に価値を持続できたり増加させるものに向けられるのです。ですから、「マイナス利子」のお金は環境を保全する機能をも持っているのです。

## ヴェーラの奇跡―ドイツ・シュヴァーネンキルヘンでの事例―

### ○導入の背景

一九一三年までは一USドル＝約四・二マルクでしたが、第一次世界大戦が終って一九二一年になると一八四マルクに下がり、一九二二年末には七三五〇マルク、一九二三年一一月には四・二兆マルクにもなりました。日々の賃金の交渉が仕事よりも優先事項となり、一日に二度も賃金が支払われ、一時間以内に使わなければ価値が半減しかねない状態でした。このような中でドイツのバイエルン州にあるシュヴァーネンキルヘンという町がシルビオ・ゲゼルの理論を実践で証明しようと実験を開始したのです。

シュヴァーネンキルヘンは、当時、人口約五〇〇人ほどの山中にある鉱山と農業の村でした。この田舎の小さな村にも恐慌の嵐は吹き荒れ、一九二九年、炭鉱は閉山に追い込まれます。翌三〇年、炭鉱のオーナーであるヘベッカー（Hebecker）は炭鉱を再開するために四万ライヒスマルクを借り入れることができましたが、国家通貨で労働者に賃金を支払えばすぐに経営が困難になると考え、これを担保に「ヴェーラ」[注2]（Wära）という地域通貨を導入しました。

### ○システム

ヴェーラは炭鉱労働者に対する労働の報酬として、国家通貨であったライヒスマルクと併用して支払われました。その割合は三分の二がヴェーラで三分の一がライヒスマルクです。ヴェーラは常に石炭に交換することができる貨幣で、毎月額面の二%のスタンプを購入し、紙幣に貼付しなければ有効でなくなるものでした。

## ○実験経過

ヘベッカーは村の商店に労働者がヴェーラで買い物ができるように交渉しました。しかし、商店主は当然、受け入れません。そこでヘベッカーは従業員用の店を設け、日常品を仕入れてヴェーラで売ることにしました。これにより事態が一変しました。他ではヴェーラの使い道がない労働者がお客として殺到したのです。これを見た村の商店は、「もしヴェーラを使えない時はライヒスマルクと交換する」との約束を得たこともあり、ヴェーラを受け入れはじめました。そして、その商店は卸業者にヴェーラで支払いができるように交渉し、卸業者も受け入れざるを得なくなりました。さらに卸業者は生産者にヴェーラで支払いができるように交渉し、生産者もそれを受け入れざるを得なくなります。そして、生産者はヴェーラであまり買う物がなかったので、仕方なくシュヴァーネンキルヘンの石炭を購入しました。石炭が売れたので炭鉱労働者の雇用を増やしていくことができました。こうして経済循環の輪が完成し、村に活気が溢れるようになったのです。

ヴェーラは炭鉱関係者だけでなくシュヴァーネンキルヘンの村全体にまで流通し、一九三〇〜三

〔注2〕ヴェーラとはWare（商品）とWährung（通貨）を掛け合わせた造語ですが「永続」という意味もあるようです。

一年の間に全体で二万ヴェーラが発行され、約二五〇万人が使用したと言われています。その後ドイツ全土で二〇〇〇以上の企業等で同様の地域通貨が導入されましたが、一九三一年二月に中央銀行によって「国家の通貨システムを乱す」として廃止に追い込まれました。

## ヴェルグルの「労働証明書」―オーストリア・ヴェルグルでの事例―

**○導入の背景**

一九三〇年代における地域通貨の実験の中で最も有名なのはオーストリア・チロル地方の小さな町ヴェルグルでしょう。当時、人口わずか四三〇〇人のこの町には五〇〇人の失業者と一〇〇〇人の失業予備軍がいました。通貨が貯め込まれ、循環が滞っていることが不景気の最大の問題だと考えた当時の町長、ミヒャエル・ウンターグッゲンベルガー（Michael Unterguggenberger）は、ゲゼルの理論を実践してみることを決意し、一九三二年七月の町議会でスタンプ通貨の発行を決議しました。

**○システム**

ウンターグッゲンベルガーは自身が地域の貯蓄銀行から三万二〇〇〇オーストリア・シリングを借り入れ、それをそのまま預金として預け、それを担保として三万二〇〇〇オーストリア・シリングに相当する「労働証明書」という地域通貨を発行しました。無からお金を生み出す銀行の手法を応用したのです。

この「労働証明書」は一シリング、五シリング、一〇シリングの三種類からなり、裏面には「諸君！　貯め込まれて循環しない貨幣は、世界を大きな危機に、そして人類を貧困に陥れた。経済において恐ろしい世界の没落が始まっている。いまこそはっきりとした認識と敢然とした行動で経済機構の凋落《ちょうらく》を避けなければならない。そうすれば戦争や経済の荒廃を免れ、人類は救済されるだろう。人間は自分がつくりだした労働を交換することで生活している。緩慢にしか循環しないお金がその労働の交換の大部分を妨げ、何百万という労働しようとしている人々の経済生活の空間を失わせているのだ。労働の交換を高めて、そこから疎外された人々をもう一度呼び戻さなければならない。この目的のためにヴェルグル町の労働証明書はつくられた。困窮を癒《いや》し、労働とパンを与えよ」（『エンデの遺言』ＮＨＫ出版、一四五ページより）と書いてありました。

ヴェルグルの「労働証明書」　写真提供・森野栄一

　そして、町が道路整備などの緊急失業者対策事業を起こし、失業者に職を与え、その労働の対価として「労働証明書」という紙幣を与えました。
「労働証明書」は月初めにその額面の一％のスタンプを貼らないと使えない仕組みになっていました。つまり、言い換えれば月初めごとにその額面の価値の一％を失ってゆくのです。ですから手元にずっと持っていてもそれだけ損するため、誰もができるだけ早くこのお金を使おうとしました。この「劣化するお金」が消費を促進することになり、経済を活性化させたのです。

**○実験経過**

当初発行した三万二〇〇〇シリングに相当する「労働証明書」は、しだいに必要以上に多いことが分かり、町に税金として戻ってきた時に、そのうちの三分の一だけが再発行されることとなりました。「労働証明書」が流通していた一三・五ヶ月の間に流通していた量は平均五四九〇シリング相当に過ぎず、住民一人あたりでは一・三シリング相当に過ぎません。〔注3〕しかしながら、この「労働証明書」は週平均八回も所有者を変えており、一三・五ヶ月の間に平均四六四回循環し、二五四万七三六〇シリング〔注4〕に相当する経済活動が行われました。これは通常のオーストリア・シリングに比べて、およそ一四倍の流通速度です。回転することでお金は何倍もの経済効果を生み出すのです。

こうしてヴェルグルはオーストリア初の完全雇用を達成した町になりました。町中が整備され、上水道も完備され、ほとんどの家が修繕され、町を取り巻く森も植樹され、税金もすみやかに支払われたのです。

ヴェルグルの成功を目の当たりにして多くの都市はこの制度を取り入れようとしました。一九三三年六月までに二〇〇以上の都市で導入が検討されたのです。しかし、やはりここでもオーストリアの中央銀行によって「国家の通貨システムを乱す」として禁止通達をだされ、一一月に廃止に追い込まれました。

## フィッシャーのスタンプ通貨―アメリカでの事例―

### ○導入の背景

シュヴァーネンキルヘンやヴェルグルの成功は一九三〇年代のアメリカで非常に関心を持たれました。そして、全国的な通貨不足を補うために三〇〇以上のコミュニティや村、アイオワ州やセントポールなどの都市でヴェルグルタイプの地域通貨が発行されました。その理論的支柱となったのがエール大学で教授をしていたアーヴィング・フィッシャー（Irving Fisher）でした。

一九三二年に書かれた『BOOMS AND DEPRESSIONS』の中でスタンプ通貨の記述があります。その中にはゲゼルの考え方に基づき「毎月月初めに、一ドル紙幣の場合は、一セントのスタンプを貼らねばならず、そのために一年に一二回以上循環するであろう」と書かれています。また、一九三三年にはスタンプ付き通貨システムの導入の仕方と運営に関するマニュアルが含まれている本を

〔注3〕同時期のオーストリア・シリングの保有は国民一人あたり平均一五三シリングでした。
〔注4〕現在のオーストリア・シリングに換算すると約六四〇〇万シリングに相当します。

出版しています。この本の中でフィッシャーはペンシルバニア州のリーディングという町のシステムを紹介しています。

### ○システム

その地域通貨は裏面に五二の空欄があり、それぞれの空欄には発行されてから一年間の毎水曜日の日付が記されています。〔注5〕火曜日の夜にその紙幣を持っている人によって、空欄に二セントのスタンプが貼られなければ使用することが出来ないようになっています。つまりスタンプ通貨の発行当局は、一年間に一ドル四セントを集めることができます。そのうち一ドルは、ドルに償還するために使用し、残りの四セントを印刷などの運営費にあてたのです。

### ○実験経過

このスタンプ通貨を法案化する動きも出ました。一九三三年二月一八日にアラバマ州の上院議員ジョン・バングヘッドが「緊急のときは連邦政府も代用貨幣の発行を認める」という法案を提出しました。また、同年二月二二日にインディアナ州の下院議員ピーテンヒルも同様の法案を下院に提出しました。フィッシャーもこの時期、財務省の次官ディーン・アヒソン（Dean Acheson）に近づき、行政からの支持を得ようとしました。しかし、判断に迷ったアヒソンはハーバード大学のラッセル・スプラーグ（Russel Sprague）教授に見解を求め、スプラーグは「このスタンプ通貨は機能するだろうが、強力な分権的意志決定を前提にしている。大統領と協議すべき問題である」と進言しました。その後の一九三三年三月四日、ルーズベルト大統領はスタンプ通貨の使用および発行を禁止し、中央集権化された巨額の経済計画を中心としたニューディール政策を実施したのです。

## Ｊ・Ａ・Ｋ銀行―デンマークでの事例―

### ○導入の背景

一九三〇年代、世界恐慌により多くの農場が通貨の不足と高金利が原因で破産していきました。そのような状況を打開しようとクリスチャン・クリスチャンセンの指導のもと、デンマークのいくつかの農場が結集して、一九三一年に協同生産組合Ｊ・Ａ・Ｋ（Jord Arbejde Kapital　土地、労働、資本）〔注6〕を設立しました。

Ｊ・Ａ・Ｋは利子をとることが、インフレと高失業率、経済の不安定の主要な原因であると考え、利子とは無縁なプロジェクトを始めました。その考えが完璧な理論ではないにしても、実行できないものではないことを証明するために。

### ○プロジェクト一

最初のプロジェクトは農場という実質的な富＝不動産によって担保された利子のつかない地域通貨の発行でした。このＪ・Ａ・Ｋ通貨は現金に飢えた人々に熱狂的に受け入れられ、デンマークの

〔注5〕このことからカレンダー通貨とも呼ばれています。
〔注6〕古典派経済学の三支柱です。

紙幣流通量の一・五％に達しました。しかし、これを脅威とみたデンマーク政府は一九三三年にこの実験を禁止しました。

**○プロジェクト二**

次の実験は一九三四年に開始されました。それは利子のない貯蓄貸付システムでした。利息をつけないで貯蓄を集めることで、銀行からの貸付けに高い利子を支払ってきた参加者たちに無利子で貸付けを提供することが可能となったのです。この試みも大変な支持を受けました。しかし、このシステムにはいくつか欠陥があり、メディアや当局の強い反対もあったため、一九三八年、倒産することとなります。

**○プロジェクト三**

三番目の実験も、やはり一九三四年に開始されました。それはＬＥＴＳと似たようなシステムで、メンバーが現金なしで商品やサービスをお互いに交換できる無利子の当座預金システムです。口座にある「使われていないプラスの資金」をマイナスの者に無利子で貸し出したのです。しかし、この実験もまた一九三五年にデンマーク当局によって禁止されました。

**○プロジェクト四**

一九四四年、Ｊ・Ａ・Ｋは新しいルールに則った無利子の貯蓄貸付システムを開始しました。このシステムは貯蓄の三・二倍の貸付を約束しました。たとえば、二年間毎月一〇〇〇ＤＡＫ[注7]を貯蓄すれば、二万四〇〇〇ＤＡＫの貯蓄をすることになります。この貯蓄は引き出すことも出来るし、二年超の返済期間で七万六八〇〇DAKを借り入れることもできます。これは、受託した資金が年三五%以上の増加率を示した時は大変有効でした。

このシステムは着実に成長していき、一九五八年、J・A・Kは正式に銀行として認可されました。最盛期にはデンマークの銀行の中でトップ二〇に入っていたのです。

しかし、一九六八年から高いインフレ率の影響で、その増加率は低下していきました。それにもかかわらずシステムはまったく変更されなかったため、準備金が致命的なレベルにまで減少してしまい、ついに一九七三年、融資要求に応えることができなくなり、Bikuben Bankと合併という事態に追い込まれます。

でも、これで終わりではなかったのです。その後、同じようなシステムで多くのJ・A・K会員が地域の預金貸付協同組合という形で事業を再開しました。一九九六年六月の時点で株主は六五七四人を数え、二〇か所で運営されています。また、スウェーデンでも同様の試みが続けられています。

## ヴィア銀行―スイスでの事例―

一九三〇年代における地域通貨の実験の多くが禁止されましたが、唯一、現在まで残っているも

〔注7〕デンマーク・クローネの略です。

のがあります。それがスイスの「ヴィア」(WIR) です。ヴィアは企業や商店間の取引のために使われているものであり、既に六〇年以上の歴史を持っています。

○導入の背景

世界恐慌の嵐はスイスにも吹き荒れました。他の多くの国同様スイス政府のとった対策は、資本が国外に流出するのを防ぐため輸入障壁を設け、外国との金融取引を制限することでした。しかし自国の保護ばかりを考えたこのような政策は経済危機をさらに大きくし、物や労働力は余っているのに、それを売り買いするお金が足りないという事態を招きました。その結果、失業率は一〇%を記録し、輸出や観光業の売上げは五年間で六五%も減少しました。この不況の嵐を乗り切るため、一九三四年、ヴァーナー・ツィマーマン (Werner Zimmerman) とポール・エンツ (Paul Enz) はゲゼル理論や北欧やバルト諸国で行われていた交換リング〔注8〕、そしてデンマークのJ・A・K銀行を研究し、独自の地域通貨システムをつくりました。当初は協同組合として設立しましたが、一九三六年にはスイス銀行法に基づきヴィア銀行となります。

○システム

ヴィアのシステムは時代によって変化しています。当初は世界恐慌の中、中小企業がスイス・フランを使用しないでお互いに仕事を与え合い、取引を復活させようという目的で、各企業の製品を直接交換する「バーター取引」をおこなっていました。また五〇年代初頭までは事業家だけでなく、労働者や農家なども参加する「交換リング」としても機能していました。それから、ヴィアメンバーが口座にスイス・フランで預金すると、その額の五％をヴィアで受取り、そのヴィアを介して物やサービスを購入するというシステムもありました。しかしその後、相対での取引でのみ使用されることになり、また、中小企業のみが参加できるシステムに再編されました。〔注9〕

ヴィア銀行は、他の地域通貨と同じようにゲゼル理論に基づいていましたが、劣化する通貨ではなく、単に「利子のつかないお金」にしています。ヴィアの由来はドイツ語で「わたしたち」を意味するWirと「ビジネスサイクル」を意味するWirtschaftsringの頭文字をとったものから来ています。一ヴィアは一スイス・フランに相当し、昔は紙幣も発行していましたが、現在では小切手タイプのものが使われています。

ヴィアに参加するためには、企業は入会金と年会費、そして取引をおこなうごとに手数料を支払う必要があります。上記の費用はすべてスイス・フランで支払わなければならず、現在その年会費は四八スイス・フラン、手数料は取引額の〇・六％です。それ以外に他の普通銀行と同額の口座手数料がかかります。

〔注8〕ＬＥＴＳの以前からある多角間精算システムで、そのシステムはほぼ同じです。
〔注9〕約款第二条第一項「協同組合ヴィアは商業や家内工業、サービス提供に従事する諸企業の相互扶助組織である。その目的は参加者を支援することであり、ヴィアシステムによって購買力を相互に活用しあうことである。また、この輪の中で購買力を維持し、そのことで参加者に追加的な事業量を確保することである。」

次に実際の取引がどのように行われているかみてみましょう。たとえば、レストランが酒屋に二〇〇フランの支払いをする場合、全額ヴィアで支払う場合には、三枚つづりの小切手に二〇〇ヴィアと金額を記入し、一枚を相手に、もう一枚をヴィア銀行に、最後の一枚を控えにとっておきます。そしてヴィア銀行はレストランの口座から二〇〇ヴィアを引き、酒屋の口座に二〇〇ヴィアを加えるという形になります。

ヴィアメンバーはコーディネートセンターからヴィアクレジットの融資を受けることもできます。貸付は以前はヴィアによるものだけでしたが、現在はスイス・フランによる貸付もおこない、両者を組み合わせた融資もあります。この場合、ヴィアの融資利率はスイス・フランよりも低く押さえられています。ヴィアによるローンの総額は、システム内で一年間に行われる取引高の三分の一までと制限されています。逆に預金の場合、ヴィアは取引の決済手段と定義づけられているので、取引を活発にするため利息はつかないようにしています。

通常、メンバー企業間の取引は一部をスイス・フランで、残りをヴィアで行うことが多く、一回の取引でのヴィアの平均使用率は四〇～五〇％です。これには様々な理由が挙げられますが、主な理由は以下の通りです。

①従業員にはスイス・フランで賃金を払う必要があり、そのフランを稼ぎださなければならないため。

②外国との取引では、やはりスイス・フランが必要になり、それを稼ぎだす必要があるため。

③税収の低下を恐れた連邦政府や地方自治体からの要請があったため。

**○実験経過**

一九三四年に一六人でスタートしたこのシステムは、翌三五年には二九五〇人までになりましたが、戦争期の混乱のため一九四五年には六二四人に減少してしまいました。しかし戦後は徐々にメンバーが回復していき、一九六〇年には一万二五六七人、一九八〇年には二万四二二七人、そして現在では八万人以上のビジネス関係者が参加しています。

現在ではバーゼルにある本店の他に、ベルン、ローザンヌ、ルセルヌ、サン・ガル、チューリッヒと五つの支店もあります。

ヴィア銀行では地区別や業種別の会員名簿のほか、会員企業が提供する膨大な商品カタログを年四回発行しています。カタログには、ほぼすべての財・サービスが記載されていると言ってよいでしょう。会員はこのカタログから必要なものを発注し、ヴィアで支払うことになります。

ヴィアのシステムがスイス・フランにもプラス・アルファのビジネスをもたらしており、スイス・フランとヴィアが併存することで、お互いにプラスになっているようです。年間取引高は一九七三年は一億九六〇〇万スイス・フランでしたが、一九八〇年には一〇億スイス・フランに近づき、六〇周年にあたる九四年には二五億スイス・フラン以上になりました。

一九九五年にはカードシステムも導入され、電子決済も可能になりました。ヴィアカードは、ヴィアにおいてはデビットカードとして、スイス・フランにおいてはクレジットカードとして機能します。一枚のカードでヴィアとスイス・フランを併用した自在な支払いが簡単に出来るようになったことで、ヴィアでの取引額が更に増大しています。

## コンスタンツ―アメリカ・エグゼターでの事例―

一九三〇年代における地域通貨の実験の多くが廃止に追い込まれ、その後、五〇年近く地域通貨導入の動きはほとんど見られませんでした。その中で一九七二年にアメリカのニューハンプシャー州エグゼターにおいてラルフ・ボーソディ（Ralph Borsodi）によって実験されたコンスタンツ（Constants）は、一九八〇年以降の新たな動きに大きな影響を与えました。人口約九〇〇〇人の町で、この地域通貨はヴェルグルのように地方政府の後押しを持たないにもかかわらず急速に普及していったのです。

### ○導入の背景

ニクソン大統領によってUSドルの金交換停止が行われる数ヶ月前、ボーソディは新しいタイプの国家通貨の可能性を示すために小規模な実験を行おうとしました。しかし、結果としてそれは受け入れられず、地域通貨で実験を行うこととなりました。

### ○システム

最初のコンスタンツは一九七二年六月二一日にボーソディが資金を出していた団体School of Livingによって行われた会議で発行されました。ボーソディは、あらかじめ二つの銀行に発行するコンスタンツの分だけ預金をし、コンスタンツ保有者が望めば、銀行に特別な「コンスタンツ用の口座」を持てるようにしました。

コンスタンツの価値は三〇種の基本的な財〔注10〕からなるバスケットに連動していました。金の代わりに主要な財の平均値を貨幣の裏付けにしようとしたのです。コンスタンツの保有者は、その商品バスケットの価値に基づいて、いつでも銀行でドルと換金することができます。コンスタンツの価値は毎月ボーソディの団体が計算し、銀行に知らせていました。

コンスタンツ保有者は、ドルの価値が下がっている時には、その影響を間逃れることができますし、逆にドルの価値が上がっている時には、コンスタンツをドルに変えれば良いのです。

## ○実験経過

ボーソディはコンスタンツが商品価格インフレに対して人々の購買力を守る以上の可能性があることに気づき始めていました。もし企業がドルよりもコンスタンツで価格をつけ始め、銀行がコンスタンツでローンを導入し始めたならば、このユニットは徐々に減価するドルよりも信頼を得たかもしれません。しかしながら既に八六歳の高齢になっていたボーソディは、このアイディアが充分

〔注10〕三〇の財とは金、銀、鉄、アルミニウム、鉛、銅、ニッケル、錫、亜鉛、石油、小麦、大麦、米、ライ麦、オート麦、大豆、トウモロコシ、ウール、綿、ココア、コーヒー豆、キュプラ、皮、ジュート、ゴム、セメント、硫黄、ピーナッツ、綿の種子、砂糖です。

機能することを証明できたと考え、約一年でこの実験を終了させました。

この試みは金という裏付けを失って以来、混乱し続ける現在の貨幣制度を補完する意味において真剣に考慮されるべき事案だと思います。

# 第五章
# 現代の地域通貨

泉 留維

一九八〇年代に入り、各地で三〇年代に流通した「劣化する貨幣」とはまったく違った性質・形態・発想を持つ地域通貨が出てきました。その勢いは年々増していき、一九九〇年代になって急速に世界に広まっています。

一九三〇年代の地域通貨と違う点は、様々な目的・形態を持った貨幣が流通していることと、必ずしも地域経済の復興や活性化を目的としていない点でしょう。以下にその代表的な五つのものをご紹介したいと思います。

## ＬＥＴＳ—地域交換交易制度—

### ○導入の背景

ＬＥＴＳは一九八三年、カナダのバンクーバー島にある人口約五万人程のコモックスバレーで始まりました。コモックスバレーにある小さな町コートニーは、アメリカ空軍基地と製紙工場へ原料を供給する木材加工所に経済を依存していました。しかし、一九八〇年代に基地の移動と木材加工所の閉鎖が起こり、失業者が増え、深刻な不況に陥ってしまったのです。多くの住民が公的な援助に頼り、地域内の貨幣量も減っていきました。このような状態に危機感を持ったマイケル・リントン（Michael Linton）は足りない国家通貨を補完するために地域内でのみ流通する通貨をつくり、地域内での経済循環を構築しようと試みました。

## ○システム

ＬＥＴＳとはLocal Exchange and Trading System[注1]の略称です。日本では地域経済振興システムとか地域経済信託制度、地域経済活性化システム、地域交換交易制度などと訳されています。

ＬＥＴＳはあらかじめ登録した会員同士が、会員にのみ通用する地域通貨を使って、会員間で提供し合える財やサービスを取引しあうネットワークです。

ＬＥＴＳで使われる地域通貨は紙幣のように実在するものではなく、運営団体が管理する口座内で、財・サービスを提供した人にはプラスのポイントが、財・サービスを提供された人にはマイナスのポイントが付いていきます。

そのシステムはいたってシンプルで

①登録した会員が自分名義の口座を開設してゼロ勘定からスタートします。

②事務局が定期的に会報やインターネットのホームページで誰がどのような財やサービスを提供できるか、また、誰がどのような財やサービスを求めているのかを会員に知らせます。

---

〔注1〕本来はLocal Exchange and Trading Systemですが、Local Energy Transfer SystemやLocal Employment Training Scheme, Local Exchange Trading Schemeとしている地域もあります。

③各会員はその情報をみて、欲しいものがあれば相手に連絡を取り、価格などの条件を交渉します。〔注2〕
④取引が成立すれば、その結果を運営団体に報告し、各会員の口座に記録されます。
会員には定期的に口座の収支が報告されます。

○特徴

ＬＥＴＳの画期的な所は、これまで特定の人間に与えられてきたお金の発行権を個人に委託したことです。つまりお金の発行が個人に任されるのです。各人は必要に応じてお金を発行するのですから、供給に過不足が生じることはありません。ＬＥＴＳで使われる地域通貨が「インフレとは無縁なお金」と言われる所以です。

ＬＥＴＳでは、現行の通貨のように足りないということがありません。会員はいつでも必要な時に必要なだけお金を使えるのです。もし口座の残高が大幅にプラスになっても、そのＬＥＴＳ内でしか使えないので、取引を続ける間にいつかは還元されることになります。

また、もしマイナスになっても債務を返済する義務はありません。利子がつかないのでいつの間にか負債が膨らんでいたなどという心配もいりません。これも取引を続けることでバランスを回復すれば良いのです。グループ全体では原則としてプラスマイナスは常にゼロなのです。

ＬＥＴＳは会員間の信頼関係が通貨発行の拠り所になっています。つまり参加メンバーへの信頼によって成り立っている自律的なシステムといえます。このようなシステムが人に与える心理的効果は大きいものがあります。

①匿名性のある現行の貨幣システムの中では「騙されはしないか」と人を疑うことを否応なく強要されます。そのような世界では精神的に摩耗してしまいます。しかし、信頼関係に基づいた貨幣システムの中に身を置くことで人間への信頼感を取り戻すことができます。

②お金を持っていない人でも同じ購買力を持つことになります。購買力はイコール力であり、現行の貨幣システムではお金を持っている人＝権力者となります。しかし、LETSの中では皆が対等な関係でいられるので、各自が尊厳を持つことができます。

③希少性に基づいた現行の貨幣システムでは「足りない」という意識が人を競争に駆り立てます。そして、豊かになることは誰かの富を奪うことにつながります。LETSの中では「お金が足りない」ということはありませんので精神的に余裕が生まれます。また、不当に誰かの富を奪う必要はありません。全体の中では常にプラスマイナスはゼロなのです。いずれ循環してバランスを回復していきます。

④現行の貨幣システムでは負債があれば時間と共に加速度的に増えていきます。しかし、LETSの中では負債を抱えてもそれが膨らむことはありません。期限もないので時間に追われる必要もありません。時間的な余裕は精神的な余裕にもつながります。

〔注2〕この時に支払う地域通貨をグリーンドルといいます。グリーンドルは便宜上カナダドルと等価であり、一グリーンドル＝一カナダドルです。但し、グリーンドルをカナダドルに換えることは認められていません。

⑤隣の人が何をしているのか分からないような社会では信頼関係を築くことは難しいですが、ＬＥＴＳでは誰がどのようなことを出来るのかが分かるため安心して新たな信頼関係を築けます。また、ＬＥＴＳのメンバーであることは信頼できる人間であることの証となります。

⑥利益が目的の企業の中ではお金になる仕事しか出来ません。つまり嫌な仕事でもお金のためにやらなければならないのです。しかし、ＬＥＴＳの中では必ずしも利益がでなくても良いので、自分の好きな（得意な）技術を提供して、補完的にお金を稼ぐことができます。好きなことをしてお金が稼げるということは生きがいにつながります。

**○実験経過**

一九八五年、Ｇ７に対抗してワシントンで行われたThe Other Economic Summitで、リントンによってＬＥＴＳが大々的に紹介され、イギリスやニュージーランド、オーストラリアやフランスなどに導入されました。しかし、その導入目的はリントンのそれと違い、前述のようなＬＥＴＳの心理的効果によってもたらされる人間同士の信頼の回復、そしてコミュニティの再生でした。リントンが始めたＬＥＴＳは設立目的や社会的背景から分かるように経済的効果を重視したものでありますが、他の国ではコミュニティの再構築、生活水準の改善、技術の習得などを目的としたのです。つまりＬＥＴＳは、地域で暮らす人々のコミュニケーションボードのような役割を担い、お互いが困っていることや求めていることを地域内で助け合っていくための相互扶助システムに変貌していきます。

コミュニティ重視型のＬＥＴＳが全世界的に普及していく中で経済効果重視型のＬＥＴＳは限定的な広がりしかみせませんでした。

その理由としては幾つか考えられますが、第一に、ビジネス関係者にとってＬＥＴＳでは取引の度に記帳し事務局に報告しなければならず面倒であったこと。第二に、規模に自ずと限界があり、利益を目的としたビジネス関係者はＬＥＴＳに参加したメリットを感じにくかったことが考えられます。

このように地域経済の活性化に関してＬＥＴＳに限界を感じた人達が、さらに市場経済との関係を密接にしながらコミュニティの再構築を目指したのが、この後にご紹介しますイサカアワーやトロント・ダラーです。

## イサカアワー――アメリカ・イサカでの事例――

### ○導入の背景

街の中心にコーネル大学があるイサカ市（Ithaca）は人口二万七〇〇〇人ほどの田舎町です。一九九一年当時、失業率は三・二％とニューヨーク州の中でも最も低い数値でしたが、最貧層に位置する人々も多く存在していました。ポール・グロバー（Paul Glover）を中心とした人々は、その原因を大企業が地域の能力や貨幣を吸い取る現行の経済システムにあると考え、地域コミュニティ内での経済を促進するためイサカアワーという地域通貨を発行しました。

## ○システム

イサカアワーはイサカ市の中心部から約二〇マイル（約三二キロ）四方でのみ流通する紙幣で、Two HOURS、One HOUR、Half HOUR、Quarter HOUR、Eighth HOURの五種類からなります。一アワーは一〇USドルに相当します。この一〇USドルというのはイサカ市のあるトンプキン郡の一時間あたりの平均賃金です。紙幣は偽造防止のために透かしを入れるなど普通の紙幣ときわめて似た造りになっていて、その表面には「ここイサカでは私たちはお互いに信頼しあっています」と書かれています。また、その裏面には「時は金なり。この紙幣は時間の労働もしくは交渉のうえで物やサービスの対価として保証されている。どうぞ受け取って使ってください。」「イサカアワーは私たちの地元の資源をリサイクルすることで地元の経済を刺激し、新たな仕事を創出する助けとなります。イサカアワーは私たちの技能、体力、道具、森林、野原、そして川などの本来の資本によって支えられています。」（『エンデの遺言』NHK出版、一六五ページより）と書かれていて、デザインにはイサカの豊かな自然を象徴する滝や昆虫などが描かれています。

アワーの発行量や時期、融資などは隔週で行われるIthaca Reserve Boardという地域通貨管理委員会において決められます。委員会はコミュニティの住民から選ばれた九人の評議委員で運営されており、運営のための基金も設立されています。

イサカアワーズに参加したい住民は委員会の発行しているタブロイド判の機関紙『HOUR TOWN』に付いている申し込み用紙に、自分が提供できる物やサービスを書いて事務局に提出します。登録された会員は一ドルの入会金を支払って一アワーを受け取ります。アワーの発行権は委員会にあります。〔注3〕委員会は好きなだけお金を印刷できますが、発行に関しては次の四つの条件以外には発行しません。

①誰かが新たにメンバーに加わる。

個人会員は一人一アワー。ビジネス会員は二アワーズ。

②メンバーがコミュニティに貢献する事業を起こす際のローンを組む。

ローンの総額は全発行額の五%までとして、一つの案件に付き五〇〜一二〇〇ドルに相当するアワーズが無利子で融資されます。

③教会、学校、病院などコミュニティ機関に対して寄付をする。

一九九八年末までに全発行額の一一%にあたる六一〇アワーズが三五のコミュニティ機関に寄付されました。

④継続的に機関紙に広告宣伝を依頼したメンバーに対するボーナス。

八ヶ月ごとに一人一アワー。

〔注3〕一九九六年FRB（連邦準備制度理事会）は「アワーズの発行は法的に問題ない」という声明を発表しています。

○実験経過

一九九一年一一月の開始当初は約四〇人が参加し、三八四アワーズが発行されました。一九九四年末の時点では参加者は八〇〇人にも増え、約四八〇〇アワーズが発行され、二〇〇以上のローカルビジネスが参加するまでに成長しました。一九九八年の一二月末時点では、一三〇〇人以上の参加者と四〇〇以上のローカルビジネスが参加していて、約六七〇〇アワーズが流通し、一年間で四〇万二〇〇〇USドルもの経済効果をあげています。一九九一年から一九九八年までに行われた取引は一万件以上にのぼり、その経済効果は一五〇万ドルにもなっています。

アワーで取引できるものは、ベビーシッターや老人のケア、マッサージ、カウンセリング、診療、弁護士活動、会計処理、自動車や家の修理などサービス業のほか、農産物や雑貨の直販、小売店、スーパーマーケット、レストラン、映画館、アパートの家賃支払いなど一〇〇〇種類を超えています。また、Alternative Federal Credit Unionという銀行ではローンや各種の支払いに使用することも可能です。銀行では利用者から受け取ったイサカアワーを掃除やリサイクルの収集、パソコンのメンテナンス等、サービスの対価として地域の事業所に支払っています。広報誌によれば「このシステムは貨幣の流通速度を上昇させることによってコミュニティ内で賃金が年平均二万ドルの仕事を何百も産み出している」とあります。

この地域では米国の他の地域よりも小規模な有機農法を行っている農場が多くあります。イサカではこのような農家を助けるためにファーマーズ・コーポラティブがイサカアワー委員会から寄付を受けてシーズン前に作物を先買いするというプロジェクトも運営しています。シーズンの前に現金を受け取ることで農家は種付けや農機具のメンテナンスなどをすることができるのです。説明会では各農家が自分たちの農場をアピールします。どんな作物をどれだけつくるのか、どのような人間がどのようにつくっているのかを説明します。聞きに来た人々は自分の気に入った農場を選んでお金を投資するのです。地域の農家が成り立たなくなったら、土地は荒れ果てるか、大規模農場に買い上げられ工業的な農法で土地を荒らされてしまいます。このようなシステムにより、良心的な農法を志す者が比較的楽に農業へ転職できていますし、負債が雪だるま式に膨らむことがないので自転車操業的な経営をしなくてすみます。また、農場を借金の担保として没収されることもないので、結果的に土地や環境を守ることができているのです。

## トロント・ダラー——カナダ・トロントでの事例——

### ○導入の背景

オンタリオ湖の北西岸に位置するトロントは人口約四〇〇万人の町です。マイケル・リントンの始めたＬＥＴＳは、カナダでは伸び悩んでいました。カナダのＬＥＴＳは地域の経済振興を目的としていましたが、ＬＥＴＳでは自ずと規模に限界があり、食料品や衣類など生活に必要なものを手に入れるのが困難だったためです。また、商店やビジネス関係者にとって取引の度に記帳し運営団体に報告しなければならないのは非常に面倒で、利益を目的として参加した人にはメリットを感じることができませんでした。このような理由から、よりビジネス関係者が参加しやすいようにするため、イサカアワーやフランスのＳＥＬ、〔注4〕そしてメキシコのトラロック（Tlaloc）〔注5〕を参考にして、一九九八年の一二月にトロント・ダラー・プログラムが創設されました。

トロント・ダラー導入の目的は次の四つが挙げられます。

①地域経済を活性化して新規のビジネスをサポートする。
②地域内で資金を循環させる。
③コミュニティへ意志決定権を取り戻す。
④新規の雇用機会を生み出す。

○システム

トロント・ダラーは紙幣形式をとっており、偽造防止のためカナダ・ドルと同じ工場で印刷されています。その紙幣には一、五、一〇、二〇の四種類があり、それぞれトロントの代表的な風景が描かれています。

トロント・ダラーのシステムは次のようになっています。

①新規個人参加者は一カナダ・ドルを一トロント・ダラーに交換することにより参加できる。
②新規ビジネス参加者に対しては二五カナダ・ドルの参加料を徴収する。
③カナダ・ドルをトロント・ダラーに交換する際、一〇％はコミュニティ事業支援基金に寄付され、〔注6〕残り九〇％がトロント・ダラーの償還基金に組み込まれる。

④ビジネス参加者は一トロント・ダラーを九〇セントに償還することができる。また、コミュニティ機関・慈善団体は一〇〇カナダ・ドルを一一〇トロント・ダラーに交換することができる。

トロント・ダラーは市内に設けられている交換所でカナダ・ドルと交換に入手することができます。今現在流通しているトロント・ダラーの使用期限は二〇〇〇年一二月三一日に設定されていて、その日までにカナダ・ドルに償還されていないものや新規のトロント・ダラーに交換されていないものは期限日を持って無効になります。

**○実験経過**

トロント・ダラーは一六〇年近い歴史のあるセント・ローレンス・マーケットの四〇以上の商店や市内の二〇以上のレストランを含む一〇〇以上のビジネスで使用することができます。そして、

〔注4〕Système d'Echange Localの略でシステムはLETSとほぼ同じです。

〔注5〕Tlalocは小切手の形で通貨を発行するミューチュアルクレジットシステム（相互信用制度）で、取引の際に一、二、五、一〇、五〇という単位の小切手を発行していきます。小切手には裏書きするスペースがあり、最初の受取人が次の使用者に、そしてまた次の使用者と裏書きをしていき、スペースがなくなると運営団体に返還します。運営団体はその小切手をもとに口座を管理するというシステムです。

〔注6〕一九九九年三月には、この基金の中から一〇〇〇カナダ・ドルが冬季シェルターを用意してホームレスを救済しているNPO"Out of the Cold"に寄付されています。

トロント・ダラー・プログラムに参加しているビジネス関係者は五〇～一〇〇％の割合でトロント・ダラーの支払いを受けなければなりません。

トロント・ダラーの流通量は当初一年間の貨幣供給量を三〇万トロント・ダラーと想定して用意されました。最初の一ヶ月に二万トロント・ダラーが購入され、一九九九年四月には四万五〇〇〇トロント・ダラー、七月には六万トロント・ダラー、一二月の時点で八万トロント・ダラー以上が流通しています。

カナディアン・インペリアル商業銀行（通称ＣＩＣＢ）のトロント市内の二つの支店ではトロント・ダラーの購入・販売を行っています。ＣＩＣＢのコミュニティ・マネージャーは「トロント・ダラー・プログラムに参加することは、私たちが住み、働いているコミュニティを活性化させるというＣＩＣＢの理念に沿ったものである」と述べています。

また、トロント市長であるメル・ラーストマン（Mel Lastman）も、トロント・ダラーの支持を表明し、それを文章にしてトロント・ダラー事務局に送付しています。

## タイム・ダラー――時間預託制度――

### ○導入の目的

タイム・ダラー（Time Dollars）は一九八〇年代初期にエドガー・カーン（Edgar Cahn）博士によって考案された地域通貨システムです。カーン博士は「タイム・ダラーの目的はタイム・ダラーを貯め込むのではなく、サービスを交換することによって人々の交流が生まれ、地域で目的を一つにした新しい共同体づくりの触媒となることである」と述べています。

○システム

タイム・ダラーは社会的地位や市場価値等に左右されない「時間」というすべての人が等しく持っているものに基づいて平等に価値付けが行われます。地域によりチケット形式にしたり、口座形式になったりしています。

タイム・ダラーの基本的なシステムは、システムに参加している人々が提供するサービスを時間で計り、貯めた時間を使用して別の人からサービスを受けるというものです。たとえば一時間、メンバーの誰かにサービスを提供すれば、一タイム・ダラーが支給されます。貯めた一タイム・ダラーでメンバーの誰かから一時間のサービスを受けることができます。

家事手伝い、介護、手紙の代筆、ペットの世話等すべての分野において単位時間当たり労働の評価は等しく一タイム・ダラーと価値づけされます。一タイム・ダラーは、ドルとの交換性はなく、一時間のサービス時間との関係性しかありません。

取引の結果は、事務局のコンピューターに打ち込まれ、各自の口座に記録されます。口座には利子がなく、口座がマイナスになっても取引を続けられます。

活動した時間を預託したものは、将来もしくは現在自分がサービスを受ける時に使用することができますし、現在サービスを必要としている他の人や団体に寄付することもできます。また、そのように寄付することが奨励されてもいます。

参加者の多くは比較的高齢者であり、近い将来、自分が介護などのサービスを利用する時のためにタイム・ダラーを稼いでいるケースが多いとみられています。しかし現状では平均すれば貯められたタイム・ダラーの約一五％しか使用されていません。そして、口座が極端にマイナスになっている人に対してもサービスの提供が続けられています。このことは、参加している人々が「他人へサービスすることを主な目的としている」と考えられます。つまり、多くの参加者はタイム・ダラーを稼ぐためというより純粋にサービスを提供するために参加しており、タイム・ダラーは貨幣とされていますが貨幣的均衡は成り立たないと見られています。

しかしながら提供したサービスの対価としてタイム・ダラーを受け取ることは、提供者と被提供者が一方的な関係にならず、互助的な関係を認識する上ではとても大切なことであると思われます。

○実験経過

一九八六年にある財団から一二〇万ドルの助成金を得て、全米六都市、ワシントンＤＣ・マイアミ・シカゴなどで本格的なシステムの導入が始まりました。現在では全米約三〇の州において二〇〇以上のコミュニティで導入されており、数千もの人々が参加しているシステムもあります。日本でも三二〇ほどの福祉団体が「ふれあい切符」などという名称で取り入れています。

タイム・ダラーには単なるサービスの取引だけではなく、様々なプログラムが用意されています。シカゴでは子ども達がボランティアで得たタイム・ダラーで、市場価値のなくなった中古のコンピューターを得ることができます。

また、民間健康保険機関であるＨＭＯ（Health Maintenance Organization）のプログラムにエルダー・プランというものがあります。このプログラムは健康な六五歳以上のタイム・ダラー・メンバーが、六五歳以上の他のタイム・ダラー・メンバーに対して在宅介護の手助けなど日常の世話をおこなって得たタイム・ダラーで、健康保険料の最大二五％を支払うことができるというものです。これは「タイム・ダラーに参加している老人は健康状態が比較的良好である」というデーターに基づいています。タイム・ダラーに参加することによって自分が「貢献している」ことを実感できる、自分が「役に立っていて価値がある」ことを確認できる、このような精神的充実感が参加者の健康に影響を及ぼしているようです。介護費や医療費を国が負担できなくなりつつある状況の中で、これは注目に値する現象であると思われます。

福祉的な性質を強く持つタイム・ダラーは他の地域通貨システムとは違い「慈善的な性格」が注目され、タイム・ダラー・システム内におけるすべての取引はミズーリ州などの裁判において「非課税扱いにする」という判決が出ています。

**○ＬＥＴＳとの違い**

①ＬＥＴＳは市場経済の価値付けを利用しながら、コミュニティの再構築、そして地域経済の活性化を目指していますが、タイム・ダラーは時間というすべての人が等しく持っているものを基準に価値付けを行い、相互扶助の精神に基づいたコミュニティの再生を目指しています。

②ＬＥＴＳは会報等を媒体に提供者と被提供者がダイレクトに取引しますが、タイム・ダラー・システムでは事務局のコーディネーターがサービスを求める人に適切な人を検索・派遣し、サービスの提供者と被提供者の取引を成立させます。

タイム・ダラーは時間に基づく画一的な価値付けが行われるため、各人の技能的な優越が考慮されません。そのため、熟練した技能の持ち主からは不平を訴えられることも多いようです。しかし、最近では技量に応じて、たとえば熟練した技術者には一時間半分とか、素人や軽い労働には半時間分というようにバリエーションを待たせようとするグループも現れてきました。

また「預託した時間」の保証を危惧する人も多く、特に若年層にとっては参加しづらいようですが、これも最近では時間を時給として換算し物品に換える試みを検討するグループも現れてきました。これによりＬＥＴＳとの境界線が薄くなり、貨幣的均衡も成り立つ見込みが出てきました。

## ＲＧＴ—アルゼンチンの事例—

### ○導入の背景

アルゼンチンはグローバリゼーションの影響で、この二〇年の間に極端に脆弱になりました。かつては南米でも豊かだとされてきたこの国も、経済成長という面では他の中南米諸国と同様「失われた一〇年」といわれる停滞期を八〇年代に迎え、社会的発展という観点では「破局的」とも言われていました。一八・六％という高い失業率を記録し、戦後の福祉国家は非福祉国家に成り下がっていました。一九九六年、このような状況下で市民が生き伸びるために導入されたＲＧＴ〔注7〕は急速な勢いで発展し、今では四〇〇システム、二五万人もの参加者を誇る世界最大の地域通貨となりました。

首都ブエノスアイレス郊外の街ベルナルで、生活条件の急激な悪化に伴い環境に不安を持ったグループがＰＡＲ（地域自給プログラム）という活動を始めました。一九九五年五月一日、その創立者の一人であるカルロス・デ・サンソ（Carlos De Sanzo）の自宅ガレージに約二〇人のメンバーが集まり、アルゼンチンで初の交換リングが創設されました。これは新しくできつつある「ニュープアー」と呼ばれる社会階層がイニシアティブをとり、確実に広がりつつある社会的疎外を打ち破り、再び市場経済に参加できるようにするためです。

## ○システム

最初の頃は共通の手帳とカードに主催者が取引を記録、管理していました。しかし、参加者の急増により対応できなくなり、パソコン上に記録されることになります。ですが、それでも対応が難しくなり、そのために財・サービスの提供者と被提供者がお互いに氏名を記す小切手タイプの地域通貨が導入されることになります。その後、時間の経過とともに、さまざまなメンバーとの商取引を促進する「クレジット」と呼ばれる紙幣が生まれ、現在は地域だけに限定するものと全国的に通

〔注7〕Red Global de Truequeの略で、グローバル交換ネットワークという意味です。

じるものが使われています。この「クレジット」という単位は、メンバー間の信用と結びつき、そしてアルビン・トフラーの著書『第三の波』に着想を得た「生費者」〔注8〕のグループのメンバーに要求される「生産し消費する能力」に由来しています。クレジットは生費者間の取引を促進し、別の交換リングに所属する人たちとの間でも取引を行える働きを持ちました。このような取引は交換リングのネットワーク〔注9〕を生み、それが後にグローバリゼーション化にあるスタンダート経済という宿敵を意識するために「グローバル」という名前を持ちました。

○特徴

RGTは他の地域通貨より社会改革を主たる目的としている感じがします。その意気込みは次の原則宣言によく現れていると思います。

『RGTの原則宣言』〔広田裕之訳〕

①人間としてのわれわれの実現は、貨幣によって条件付けられる必要はない。

②われわれの目的は商品やサービスの販売促進ではなく、労働や理解、そして公正な取引を通じてより高い意味での生活に到達するべく相互扶助を行うことである。

③不毛な競争や投機を、人間間の相互関係に取って代わらせることは可能であるとわれわれは信じている。

④われわれの行為、生産物、それにサービスが、市場の要求や消費主義、それに短期利益の獲得以前に道徳や環境の基準に応えるものであることをわれわれは信じる。

⑤ＲＧＴの会員になるための唯一の必要条件は、グループのミーティングに参加し、品質自助サークルの勧告に沿って財やサービス、それに知識の生産者かつ消費者になることである。

⑥各会員自身が自分の行為や生産品、それとサービスに責任を持つ。

⑦グループへの所属は依存を意味するものではないとわれわれは考えるが、それは個人の参加は自由意志に基づくもので、ネットワークの全てのグループに適用されるからだ。

⑧グループは公式かつ安定した方法で結成される必要はないが、それもネットワークの製作は役割や機能の巡回を意味するからだ。

⑨内的事情に基づいたグループの自治と、ネットワークに属するために必要な原則との両立は可能であるとわれわれは信じる。

⑩会員として、われわれの基本的な原則を歪曲しないために、ＲＧＴとは無関係な主義を金銭的に援助しないことをわれわれは勧める。

⑪ネットワーク内外でのわれわれの行動が最高の例であると信じる。プライバシーに関する信頼性

〔注８〕生費者とは未来学者アルビン・トフラーがつくった造語で、生産者と消費者を合わせた言葉です。生産だけしている人はいないし、消費だけしている人もいない。我々は皆、生費者であるということです。

〔注９〕交換リング内で交換が行われてネットワークが結成されて以来、ネットワークへの補足的な所属で、現在ではネットワークの「結び目」と呼ばれる新たな複合参加を特徴づけるものが登場しました。

と、ネットワークの成長に影響するテーマの扱いに関する慎重さをわれわれは保持する。
⑫社会の大多数の持続可能な福祉の結果として、進歩が達成されることをわれわれは心より信じている。

**○実験経過**

最初の一年間、毎週土曜日の午後、交換リングのメンバーはさまざまな生産物を交換していました。穀物や果物、野菜やインスタント食品が主でしたが、服や織物、それに手工芸品も含まれていました。そこに歯科医が招かれ、彼が好んでいた隣人のパンと引き換えに治療をするようになり、サービスが含まれたことで交換の幅が広がっていったのです。

現在交換されている物品やサービスは、食料、衣服、手工芸品、家庭内サービス、医療サービス、観光、ガーデニング、占星術、タロット占い、医療診断、電気、さまざまな療法などに及んでいます。

参加者の熱意と、さまざまな新聞や雑誌の論評といったマスコミの大きな貢献もあって、設立二年後には年間で一億ドルもの経済効果を発揮し、参加した家庭に毎月一〇〇ドルから六〇〇ドルもの補完的な収入をもたらしました。三年の間にこの数字は一〇倍以上にもなりましたが、それには企業家としての資質に恵まれた生費者がこのシステムに参加したおかげでもあります。最近おこなわれた学術的研究では、交換リングでの取引額だけで年間に最低四億ドルになると推定されています。

参加者は「生費者」として自分の必要性や可能性を発見し、さまざまな種類の製品やサービスを生み出しています。

ブエノスアイレス市役所社会促進局、産業局、通商局、観光局と雇用局との間に戦略的同盟が結ばれ、現在アルゼンチン国内のさまざまな州の一〇以上の市役所（コルドバ、メンドーサ、フフイなど）がこのシステムに対する関心を公式に宣言しています。

ＲＧＴのシステムはスペイン（パイース・バスコ州）や、ウルグアイ、ブラジル、ボリビア、そして現在ではエクアドルやコロンビアにも及んでいます。

ＲＧＴ運営者は「社会の中で最も庇護を受けていない部分に対して平等性と歴史的修復をもたらす」ために、カナダからパタゴニアまで、アメリカ大陸すべてでＲＧＴを流通させることを目指しています。

# 第六章
# 地域通貨がつくる未来
## —仮想インタビュー集—

地域通貨が普及するとどんな社会ができるのでしょう。この章では、その可能性を考えてみたいと思います。では、タイムマシーンに乗って地域通貨が普及した数年後の社会へ行き、インタビューをしてみましょう。なお、これはフィクションであり、登場人物および団体は一切実在しません。

## 《相互扶助編》

### ケース一・専業主婦（蒲田さん・六二歳）の事例

私は専業主婦です。幸いまだ健康なので近所の子ども達の面倒をみています。私が若い頃は学童保育なんていって、忙しいお母さん達が、やっぱり忙しい他のお母さん達に子どもを預けていましたが、何もそんな無理をする必要なかったんですよね。町内会長さんがＬＥＴＳっていうシステムを取り入れてから老人会の皆で子どもをみようってことになって。老人て言ったって、ほとんどの人はまだピンピンしていますもの。暇を持て余している人はたくさんいるんです。でも、このＬＥＴＳのおかげで生きる張り合いができました。子育てなら慣れたものですし、子どもと接しているのはとっても楽しい。子ども達にとっても、うるさい親とだけの生活じゃ息が詰まっちゃうでしょ。

息抜きが必要よ（笑）。

いいえ、冗談じゃなくて、最近は親になりきれない親が多いでしょ。核家族だと親の偏った価値観しか知らないままに育っちゃうから、子どもが自分のヘンなところに気づかないのよ。その点、たくさんのおじいちゃん、おばあちゃんの中にいると、色々なものの見方があるってことに気がつく。子ども達にとってもいいことなんじゃないですか？　勿論団体の中にいるのが苦手な子もいるから、そういう子は個人的に家で遊ばせてあげるわ。

もう結構ポイントが貯まったの。このポイントは私が介護を必要になった時に使うわ。きっと、いま面倒みている子ども達が面倒みてくれるでしょう。プロの知らない人に面倒みてもらうよりは、素人でもよく知っている人に面倒みてもらった方が気楽ですからね。あら、いけない。「あんなバアさんの面倒みるのなんてイヤだ」って言われないようにちゃんと面倒みなきゃ（笑）。それじゃ。

### ケース二・無職（上野さん・三二歳）の事例

一年前から失業しています。最近はほんと厳しくて、よほどの能力かコネがないと就職できないッス。俺みたいな何の特徴もない人間が好きな職業に就くっていうのは、ほとんど不可能ッス。まぁ、独身なだけにまだ気楽ですけど、家族がいたら心中ものッスよ。勉強して何か技術でも身につけようと思ったけど、失業保険も切れちゃったし、それまでどうやって食っていこうかって。そんな時、近所の人が「ＬＥＴＳに入れば」って紹介してくれたんです。いやー、助かりましたよ。今は近所の人が入れ替わり立ち代り食事をごちそうしてくれるんですよ。その代わりに俺は庭の掃除とか、買い物を代りに行ったり、犬を散歩につれていったり。アパートの大家さんも就職するまではLETSのポイントでいいって。(小声で)ここだけの話ですけど、大家さんは自分が年取った時にそれで介護してもらおうと思っているらしいっス。

早く就職して、ちゃんと自立しなきゃって、がんばって勉強しています。いまはマイナスのポイントが多いけど、いずれちゃんと返します。期限がないから、その点も気が楽ですね。ええ、わかっています。ちゃんと返しますよ。こんなに優しい人達を裏切るなんてできるはずないじゃないですか。おっと、勉強しなきゃ。それじゃあ。

### ケース三・音楽家(渋谷さん・二八歳)の事例

僕は音楽家です。でも、全然売れていないです。僕の好きな曲は今の流行とは合わないんです。でも、イヤなものはイヤ。お金のために自分の志を曲げてまで歌をつくりたくないんです。貧乏でも平気だけど、貧乏にも限度があります。僕自身はダンボールハウスでもヘッチャラだけど、そういう生活をしたら、ただでさえ少ない仕事がもっと来なくなってしまいます(苦笑)。

だからLETSの話を聞いた時は「これだ!」って思いましたね。だいたい僕が何しているかなんて、みんな知らない。音楽なんて特定の一部の人に認められないとダメな世界だからね。でも、僕の曲を気に入ってくれる人だって、いっぱいいるはずなんだ。LETSは安い会費で会員みんなに宣伝してくれるからね。最近は小さなイベントで演奏させてもらうことが多くなりました。報酬はLETSのポイントと現金と半々でもらっています。それで足りない時は何でもいいから自分のできそうなことを見つけて売り込みます。そうすると親しくなってCDを買ってくれるなんてこともあります。まだまだ生活は苦しいけど、それでも好きなことをして生きていけるのは最高です(笑)。

### ケース四・自宅療養者(大塚さん・六八歳)の事例

私は八年ほど前、突然、脳出血で倒れ、何とか命は取りとめましたが、それ以来、下半身不随です。そりぁ、当初は目の前が真っ暗になったものです。それまで大した病気もしていなかっただけに絶望的な気持ちになりました。誰かの世話になって生きるなんてまっぴら。近頃じゃ介護の人を雇ったらお金を盗まれたなんて話もよく聞くし……。どうせ何の役にも立たないんだから、もう生きていても仕方がない。そんな考えが頭の中をグルグル回って、暗い日々を過ごしていました。でも、LETSに入れてもらったおかげで、それが間違いだってわかりました。はじめLETSのことを教えてもらった時は「私にはできることなんてない。身体が不自由だし、これといった技術もない。結局、人に助けてもらうだけになってしまう」と断りました。でも、皆で私にできることを考えて仕事を依頼してくれたんです。

はじめに頼まれた仕事はモーニングコールでした。確かにそれくらいなら私にもできます。会報に載せてくれてから最近ではオーダーも多くなって、電話だから私がオバアちゃんなんてわからないでしょ、中には勘違いする男の子もいて「今度会ってください」なんて言われちゃいましたよ（笑）。次に頼まれたのが介護のお手本になることでした。これも「私が介護を教えるなんてことできません」とお断りしました。でも、「寝たきりの人の気持ちを一番わかるのは寝たきりの人」っていう言葉を頂いて、引き受けることにしました。私はただ自分がどうして欲しいか素直に話すだけです。それだけで介護を勉強している人に感謝されてポイントまでもらえたんです。

その後にも近所の若い奥さん達に美味しいお漬物の作り方を教えたり、ちょっと子どもを預かったりと、何だかんだと仕事が入ってくるようになりました。今では「私には何もできない」なんて言っていたことが恥ずかしいぐらいです。人間にできることって本当にたくさんあるんですね。

私はなるべく自分のことは自分でするようにしていますが、どうしてもできないことは遠慮なくポイントを使って他人に依頼しています。

## ケース五・主婦兼塾講師（赤羽さん・二五歳）の事例

結婚してすぐに主人が転勤になり、見知らぬ土地に越してきました。引っ越す前はとってもイヤでした。私はこれまで生まれた土地以外に住んだことがなかったんです。主人はどうせ仕事でほとんど家にいませんから、近所づき合いするのは私なんです。見知らぬ人ばかりの所で上手くやっていけるだろうか？　どんな人がいるんだろうか？　仲間外れにされたらどうしよう。不安は募るばかりでした。

でも、引っ越してすぐ、ここの町内にLETSがあることがわかり、安心しました。だって前に住んでいた所でもLETSに入っていましたから。

LETSがあると、どこの誰が何をしている人なのか分かるので知らない人ばっかりっていう感じがしないいんですよね。登録用紙を見ると大体その人が何をしてきた人か、どんな人生を歩んできたか分かるんです。それに基本的にはLETSに入っている人は「人を信じる」って感じの人じゃないですか。心がオープンなんですよね。

私は近所の子ども達に英語とパソコンを教えています。生活は主人のお給料だけで何とかなりますから、報酬は全部ポイントでもらっています。私の場合はポイントを使うというよりは近所の人とのコミュニケーションのためにLETSを使っていますから、貯まったポイントは応援しているNPOに寄付しています。この頃じゃ皆から先生なんて呼ばれて、ちょっと気恥ずかしいです(微笑)。

## ケース六・大学生(神田さん・二〇歳)の事例

私は今大学生です。うちの大学でもバイトをしている人は多いけど、人間関係で苦労したり職場でこき使われたりして大変だ、という話をよく聞きます。せっかく大学生になって、正々堂々とバイトをして社会経験ができるようになったわけですが、そういった友人の話を聞くと、どうしても私はあまりバイトをする気にはなれません。でも、ＬＥＴＳのおかげで助かっています。

私は英語が得意なので近所の中学生に教えてあげています。他人に教えるって自分がよく分かっていないとできないから、結局、自分の勉強になるんですよね。おかげで基礎はバッチリです。そのうえ、お礼として親御さんからポイントをもらっています。お小遣い少ないから助かるんですよ。うちの近くの商店街ではお店によって一〇～五〇％ポイントで払えますから、散髪したり、文房具を買ったりするときにはありがたいですね。商店街のアイスクリームが美味しくて毎日のように買って食べているので、最近お腹がちょっと出てしまっていますが（笑）。あと、休みの日には公園の掃除なんかもしています。そのポイントは町内会が支払ってくれます。その町内会は町内会費として大人達からポイントを徴収していますけど、町内の役にたっているんですから、ポイントぐらいもらってもいいですよね。それから、たまに近所の学生さんからパソコンを教えてもらっています。パソコン関係はすぐに新しいソフトが登場するんで、機械にあまり強くない私は困ってるんですが、その点でもＬＥＴＳのおかげで助かってますね。

## ケース七・フリーター兼画家（品川さん・二七歳）の事例

私、コンビニでバイトしているフリーターです。バイトだからお気楽ですよ。なんでみんな必死に働いてるんだろうって。不思議ですよね～。私は満員電車なんか乗れない。それだけで疲れちゃう。なんか必死にやってるといいことあるんですかね～。そんなに働いて、遊ぶ時間もなくて、好きなこともできなくて、何が楽しくって生きてるんだろうって。よくわかんな〜い。

私は好きなことやってますよ。フリーターは仮の姿。本当は画家になりたいんです。でも、絵だけで食べていけるのってほんの一握りの人でしょ。あんまりビンボーもしたくないし。だから、ちょっとだけバイトして、あとは絵を描いてます。

まだまだ売れないけど、ＬＥＴＳのおかげで何とかやってますって感じ。ＬＥＴＳだとお金に重みがないから頼みやすいんですかね。現金にはならないけど、ちょっとした挿絵とか子どもの似顔絵だとか、そんな依頼はいっぱいあるんですよ〜。だから、電話代とか電車賃とかは現金じゃなきゃ払えないけど、その他のことはなるべくＬＥＴＳのポイントで払ってます。好きな絵を描いている時が一番幸せ。だから仕事に全部の時間を取られるのなんて我慢できない。贅沢はできないけど、本当の贅沢って、好きなことして生きるってことなんじゃないですかね〜。よくわかんないけど〜。


**ケース八・商店主（田端さん・四五歳）の事例**

私は小さな町で床屋をしています。最近じゃ商店街自体さびれて、かなり厳しい状況にありました。お客さんが来ないことには腕の振るいようがないってもんですよ。なんとかしなきゃと思っていた時に知ったのがＬＥＴＳというシステムでした。

ＬＥＴＳに加盟すると安い加盟金で会員に会報やホームページを通じて常にお店を宣伝できます。ＬＥＴＳの会員は仲間意識があるので、会員以外の店よりはうちに来てくれます。まあ、ＬＥＴＳ

のポイントは使える店が限られているので必然的に加盟店に来ることになるんですけどね（苦笑）。うちはあんまり元手のかからない商売なので、五割引きにするくらいの気持ちで、五割をポイントで受け取っています。貯めたポイントは他の加盟店で使うようにしています。この商店街のほとんどがLETSに加盟しているので、必要なものはほとんど商店街で揃えることができます。そうして商店街のお店同士で助け合わなきゃやっていけないんですよ。

私もそれほど正義感がある人間じゃないですけど、何か世のため人のためになることをしたいなあ、とは常日頃から思っています。でも、この商売じゃ店から離れられないので、貯めたポイントのうち一割を支持しているNPOに寄付するようにしています。そうすることによってNPOの力になることができるし、ポイントの流れを公開しているので私が社会貢献していることも知ってもらえます。ちょっと自慢っぽいかもしれませんが（苦笑）。

それに、急に人手が必要になった時、ポイントでちょっとした手伝いを頼むこともできるんです。床掃除とかタオルの洗濯とか細かい作業が結構あるんですよ。体調の悪い時は、そんなことはしたくない。でも、普通の求人誌に頼むわけにはいかない。急な対応はできないし、もし頼んだら何十万円もとられますからね。でも、LETSなら特別な料金などなく人探しをしてくれます。それでダメなら近所のお店の人にお願いしてポイントで支払えばいいんですから。

あと、疲れた時なんかポイントでマッサージなんかを頼むこともあります。円建てのみでやっている所より安くすみますからね。できれば仕入れにもポイントを使いたいんですけど、それはさすがに無理ですね（苦笑）。

### ケース九・環境NPO勤務（中野さん・四〇歳）の事例

どこのNPOでも同じだと思いますが、一番の問題点は財源です。環境問題は深刻で、一人でも多くの人の手を借りたいのに、人を雇うお金がありません。お金になることはたいてい企業がやっています。どうしてもお金にならないものがNPOの仕事として回ってくるんです。

でも、LETSのおかげで助かっています。ポイントは現金のような重みがないので、寄付しやすいみたいです。まだほとんどの人にはボランティアで働いてもらっていますが、どうしても人が足りない時など、ポイントを支払うことで人を集めることもできます。

また、会報などどから必要としている人材を探すのも簡単だし、寄付されたポイントで報酬も支払えます。支払ったポイントはどうせぐるりと回って商店や個人に戻っていくだけですから、また、きっとこちらに戻ってくることでしょう。

また、これまでNPOの運営は縦割りで、「あなたはこれやって。あなたはこれ」という感じで、個人の資質を考慮することが余りありませんでした。これじゃ割り当てられた人はやる気でませんよね。でも、LETSのおかげで誰がどんなことが得意で、何を望んでいるかが一目でわかるようになったんです。だから、適材適所の配置ができるし、ボランティアの人も自分の得意なこと、好きなことをできるケースが増えました。

はじめはやっぱり抵抗ありましたよ。今まで皆、無償でやっていたことに地域通貨とはいえお金が絡んでくると、なんでもお金で取引するようになっちゃうんじゃないかって。でも、既に親しい人は別に地域通貨を使う必要はないんですよ。何もLETSに入ったから、なんでもかんでもお金に換算することはない。お金は、まだ親しくない人とつながるツールですから。親しくなったら何もお金を使う必要なんてないんです。でも、そこにいくまでには媒体が必要です。普通のお金は競争原理で成り立っているから協力関係を結ぶ場合に適さない。地域通貨を使うと人とのつながりが広がるんです。

LETSを導入したおかげで、これまであまりマネージメントに関心のなかった人も、その大切さを理解しはじめたようです。NPOは運営側とボランティア側にどうしても溝ができやすいんですよ。採算のことなど考えなくていいボランティアの人には、現実の中で組織を運営していく大変さが伝わりにくいんでしょう。ですが、LETSに加わると自分でも収支を考える必要が出てくるので、こちらの苦労もわかってもらえるようです。最近では経費のことまで気にしてくれるようになりました。でも、そうなると飲み会の費用を経費で落とすなんてことができなくなるので、ちょっと困りものですが（苦笑）。

## 《経済活性化編》

### ケース一〇・商店街会長（大久保さん・五八歳）の事例

私は地方の商店街で会長をしています。バブル崩壊の後に金融機関がメチャメチャになって、一時はどうなるかと思いましたよ。銀行はお金を貸してくれないし、お客は大型店舗にばかり行ってしまうし。ツケを払わされるのはいつも我々のような末端にいる者ですよ。でもね、地域通貨って奴のおかげで何とか生き延びることができました。この商店街だけに使える金券を作ったんです。まず、一万二千円相当の金券をお客さんに一万円で買ってもらいました。お客さんはこの時点で二千円得するわけで、私たちは実質二割引ってことになります。な〜に、これくらいの割引はよくしていましたから大した額じゃないですよ。一万二千円の商品の原価率は平均すると三〇%位だから約四千円ですか。だから一万円でも六千円程度の粗利益が出るんですよ。こうすると店は必要な資金を先に手にすることができるし、お客さんだって喜ぶ。誰にとっても、いいことじゃないですか。この金券はうちの商店街でしか使えないから、お客さんは必ずうちに買い物に来るしね。銀行に高い利子払うより全然いいですよ。それに、これは一度限りの商品券とちがって何度でも使われるから商店街の売上げも増えるんですよ。えっ?そんなことしてインフレにならないかって?大丈夫ですよ。ちゃんと勉強して加減しながら出していますから。難しいけどね。あくまで足りない分を補う額だけしか販売しません。お客さんは過不足ないお金の中から店で買い物をし、その店から他の店、またはお客さんと、ぐるぐる回って逃げていかない。おかげで何とか大型店舗にも対抗できていますよ。地域通貨さまさまってところですかね（笑）。

### ケース一一・農場経営者（大森さん・五二歳）の事例

無農薬の有機農法って大変なんですよ。手間かかるし、生産性は悪いし、ヘタをすれば虫に喰われてパァーになることだってある。農業は投資したお金を回収するのが半年から一年も後になる。その投資分は借り入れなきゃならない。でも、金を借りれば出来が悪くたって返さなきゃいけない。たっぷり利子をつけてね。リスクが大きいんですよ。でも、やっぱり環境とか健康のこと考えると石油をたっぷり使った野菜なんて作れない。良心が痛むし、なにより長続きしないからね。そんなこんなで板ばさみにあって、「農業なんて辞めてやるー」って何度思ったかしれませんよ。でもね、地域通貨ってものがあるって知って、いや～、勉強しましたよ。どんなものが実際に使えるのか、効果があるのかって。どうやったかって？いや～、簡単なんですよ。まずチケットをつくって、それをこの地域の人に買ってもらったんですよ。円でね。そのチケットで次の収穫期に取れる農作物と交換することができるんです。うちは農作物なら売るほどあるからね(笑)。言ってみれば先物買いみたいなものだね。勿論、先に買ってもらうんだから多少安くするよ。市場に卸している額と変わらないけどね(笑)。そうすれば、お客さんは普通より安く農作物を買えるし、うちは先に資金を集められる。未来のお客さんを前もって確保できるんだな。でも、実はこのチケットを農作物に変えなくてもいいんだ。これを、この地域に不足しているお金として交換手段に使い流通させれば、不足しているお金を補うことができるんだな。言ってみれば「農作物本位制」通貨ってところかな。お客さんは一年間このチケットをお金として使うこともできるし、農作物と換えることもできる。なんの裏づけもない円より、よっぽどいいと思わないかい（笑）。

### ケース一二・自然エネルギー協会会長（板橋さん・五五歳）の事例

地球温暖化はかなり深刻な問題です。今後一〇〇年間に平均気温が三℃上昇すると予測されています。三℃というと大したことないと思われるかも知れませんが、わかりやすく言えば東京が沖縄に移動してしまうようなものです。このことは生態系や人々の生活に大きな変化をもたらします。一〇〇年という短い時間では地中の微生物や植生は変化に追いつけないので、深刻な食糧不足が起こるでしょう。また、森林にも大きな影響がでて、絶対的な水不足も予想されています。

さらに、南極などの氷が溶けることで、海面が六五㎝上昇し、日本の砂浜の八割が消えます。埋め立て地は液状化現象で大きな影響をうけ、地下水の上昇、海水による塩害など平野部の農業にもダメージが予想されます。世界全体ではオランダやバングラデシュ、サモア、モルジブなど約四〇ヵ国は国土の大半が水没し、何十億人もの人々が難民となることでしょう。

これだけではありません。もっと恐ろしい事態も予測されています。南極の氷は岩床に乗っています。この氷の底部分が溶けて、たとえるならフライパンの上に乗っているバターが溶けて滑りだすように、巨大な氷の塊が海に落ちればどうなるでしょう？　南極の氷全部が滑り落ちれば海面は七〇m上昇しますが、仮に一〇分の一が崩落しても七m上昇します。問題はその際に生じる巨大な津波で、高さ数十mもの波が時速三〇〇kmのスピードで世界の臨海地帯を襲います。大量の死亡者やビルの倒壊、石油コンビナートや化学プラントからの大量の原油や化学物質の流出など、想像を絶する事態となるでしょう。

さらに忘れてならないのは原発の問題です。世界には五〇〇基もの原発があり、原発の倒壊は原爆より遥かに多くの放射能をばらまくのです。世界規模の津波が世界中の原発を襲い、その多くが倒壊すれば、それは地球の死ぬ時です。そして恐ろしいことに、南極の氷全体の振動も既に観測されているのです。

この地球温暖化の主な原因は石油や石炭などの化石燃料です。私達の生活は、ほとんどが石油なしには考えられない状態になっています。一刻も早く化石燃料依存の文明から自然エネルギーを利用した文明に移行しなければならないのです。しかし、そこでネックになるのがコストの問題です。自然エネルギーはコストが高くつくので、なかなか普及しないのです。私たち自然エネルギーを推進する者としては、じれったい日々が続きました。そこで地域通貨の導入に踏み切ったのです。

私たちのつくったお金にはワットという名称をつけました。自然エネルギーの事業者が手を組み、ワットを自然エネルギーをつくっている事業所に持っていけば、それで電気料金を払える仕組みにしたのです。つまり、ワットは電力という裏づけを持った貨幣と言えます。自然エネルギー事業者は自らが発電する電気量だけワットを発行することができるのです。このワットは環境保護団体に熱烈に支持され、急速に広がりました。おかげで困難だった資金集めが比較的簡単にできるようになり、コストも下げることができました。

まだまだ温暖化を止めるには至っていませんが、希望の光が見えてきたような気がします。エネルギー単位は世界共通ですからね。世界中でワットが支持されて、火力や原子力に頼らなくてもいい文明を築ければいいと思います。

## ケース一三・超党派の政治グループ代表（目黒さん・五三歳）の事例

私は環境問題を解決するために超党派で組織したグリーンズネットワークの代表を務めています。環境問題といいましても実は経済問題でもあるんです。環境破壊というのは表面にあらわれた現象で、その根底には、勿論心の問題もあるんですが、経済システムがもたらした必然的な結果であるともいえるんです。ですから、経済の仕組みを変えないことには解決できる見通しが立たない。しかし、実際にどうしたら良いのか?それが問題でした。いまさら貨幣システムを変えることなんて、大規模な破綻でも起きない限り無理ですからね。ひとまず環境に負荷を与えた事業者には法律で補修する義務を負わせました。しかし、その費用は価格に反映されるので、経済活動が滞ってしまった。経済が停滞すれば事業は成り立たない。本当に難しいんですよ。

## 『地球環境概況 2000』の要約　その 1

『地球環境概況 2000』は 1999 年 9 月、国連環境計画（UNEP）が日本など 100 カ国以上から 30 研究機関、約 850 人の専門家を動員して、次の千年紀に人類が直面する環境問題についてまとめた最も権威ある評価報告書です。（環境庁地球環境部が翻訳したものを要約してみました。）

●地球温暖化
・石油などの大量消費で、1990 年代後半の大気中の二酸化炭素濃度は過去最高に。
・すでに温暖化が始まり、異常気象、洪水、干ばつなどが頻発。
・先進国の温暖化ガス削減目標を決めた京都議定書の達成は難しく、地球温暖化防止は既に手遅れ。

●化学物質汚染
・ダイオキシン、環境ホルモン、農薬、有害廃棄物などの汚染が深刻。
・世界で年間 500 万人の急性農薬中毒が発生、さらに空気、水、食べ物、土にも汚染が広がり、ガンや生殖異常などが増えている。
・このままでは 2050 年には環境中に出る有害物質の量は現在の 3 倍以上になる可能性がある。

●森林破壊
・乱開発、商業伐採によって世界の原生林は 80％が失われ、熱帯林の破壊はすでに取り返しのつかない状態。
・森林破壊や過耕作、過放牧などで世界中の土地で劣化が進み、世界の 20％の土地で砂漠化が深刻、農業が困難となり 10 億人の生活に影響が出ている。
・失われた森林の回復には多くの時間が必要で、森林とともに失われた文化は永久に回復できない。

●オゾン層破壊
・これまで放出されたフロンガスなどにより、2010 年～ 2020 年に最大三分の二が破壊され、本格的な被害はこれから〔NASA〕。
・今後、有害な紫外線 B が増加し、皮膚ガン、免疫の低下、白内障などが増加。農作物・漁獲も減少。

●生物種の絶滅
・開発や森林破壊によって、ほ乳類の 25％、鳥類の 11％が絶滅の危機にあるなど、現状の生物多様性を保つことさえ既に手遅れ。

## 『地球環境概況2000』の要約　その2

●食料危機
・農業の生産力は水不足や農薬、化学肥料による土の劣化ですでに頭打ち、農地も人口増加、都市化によって減少している。
・地球温暖化、森林破壊などで、今後農業の生産力はさらに低下、食糧が不足する。
・漁獲量も乱獲によって頭打ち、2050年には需要が倍増し、不足が避けられない。

●水資源の不足
・農業や工業、都市化で水が大量に消費され、多くの河川が枯れるなど各地で水不足が深刻化しており、このままでは2025年に人口の三分の二が水不足になる。

【今後の予測】
・地球温暖化、森林破壊、砂漠化、水資源の不足などほとんどの環境問題はすでに取り返しがつかない。
・今後50年で人口は30億人増加、このままでは資源消費が増大し21世紀には環境問題はさらに悪化。

【環境破壊の原因】

●大量生産、大量消費、大量廃棄
・先進国は世界のエネルギーの6割を消費するなど資源を大量に消費、有害廃棄物の75%を排出している。
・先進国の便利快適な生活（自動車や飛行機の使用、レジャー、飽食など）によって消費が拡大、環境破壊につながっている。
・途上国も豊かな生活を目指しており、消費が増えている。

●現状の経済の仕組み
・先進国はエネルギーや資源の大量消費によって経済が成長。その結果世界経済は1950年代の約5倍に拡大した。
・経済の拡大によって環境破壊、環境汚染、生態系の破壊が世界中に拡大した。
・経済のグローバル化で貧富の差が拡大、世界人口の四分の一が貧困に苦しんでいる。

【どうしたらいいか】
・目先の経済的な利益のためにしばしば無視されてきた環境問題を、財政、貿易、農業、投資、研究開発などに関する意思決定の中心に置くことが重要。
・市民、政府、地方自治体、企業、ＮＧＯが共に取り組みに参加する。
・対策を取るための時間はどんどん少なくなっている。

日本の環境技術というのは実は凄いんですよ。他の先進諸国より十年は進んでいる。この技術を使えば何とかなるとは思うのですが、逆に金融業界は十年以上遅れている。経済が回復しないことには折角の技術も活かせないんですよ。ほとんどの環境技術はそれ自体が利益を生むというものではないですからね。それに、環境に良いものは値段が高くてあまり庶民に受け入れられない。そりゃそうですよね。ほとんどの庶民は毎日の生活だけで精一杯なんですから。それで環境ビジネスに有利になるようなお金の仕組みがつくれないものか一生懸命考えました。

実は環境問題に関心がある市民というのは六〇%もいるんです。ですから、その人たちにグリーンチケットという名のクーポン券を買ってもらいました。たとえば、この企画に賛同してくれる人は千円分のグリーンチケットを千円で買ってもらいます。チケットは一年間、協賛者や協賛店、協賛企業の間で額面通りのお金と同様に使えます。使用期限がくれば本部で額面の九〇%の円に償還できます。この九〇%の償還基金は優良なエコ事業者にゼロ利子で貸し出されます。つまり、エコ事業者は銀行に高い利子を払う必要がなくなるので、そのぶん楽に経営できますし、価格も下げることができます。残り一〇%は賛同者の投票によって選ばれたエコ事業者に寄付されます。事業内容を公表してもらって、獲得票率に合わせて寄付が受けられるんです。ですからエコ事業者は皆、競って良い仕事をしようとします。

賛同者は、これまで同様千円は千円として使えるわけですが、一年後には九百円となってしまうので、できれば手元に持っていたくないですよね。そこで優先的にこのチケットで買い物をするわけです。その買い物先は基本的に環境に配慮している商店やメーカーの物となりますから、環境ビジネスが活気づきます。エゴがエコに変わるんですね（苦笑）。

もし、運悪く（苦笑）期限が来た時にグリーンチケットを持っていても、それは環境ビジネスに寄付されるわけですから、環境派なら納得じゃないですか？　また、商店ではグリーンチケットを受け入れることによって凄くイメージアップになりますし、新規の顧客を獲得するチャンスにもなります。グリーンチケットが使用されるほど経済は活性化し、環境も守られていくことになります。もっとたくさんの人にグリーンチケットを使ってもらえれば、まだ我々にも生き残るチャンスがあると思いますよ。

## ケース一四・内閣総理大臣（大井さん・五六歳）の事例

私が総理になった時には既に他に打つ手がありませんでした。乱発を重ねた国債は、世界一を誇る日本の貯蓄をも上回り、本当の赤字大国になってしまったのです。政治に対する信頼はまったく失われ、おとなしいとされていた日本人もあちこちで暴動を起こすようになりました。そのため民間に広がっていた地域通貨の導入を本気で検討しなければならなかったのです。なーに、地域通貨を政府がやっちゃいけないなんて法律はないし、あっても変えちゃえばいいだけですから（苦笑）。あらゆるタイプの地域通貨を比較検討したところ、ゲゼル理論に基づいた「劣化するお金」を政府紙幣として発行することにしました。まず、国債の分の政府紙幣を発行し、それは市場に残るようにして、銀行券で借金を返済しました。「劣化するお金」は資本家たちには不評でしたが、多くの市民には歓迎されました。その機能が富の公平な分配を促進したからです。また、一部では「劣化するお金」は強制的にお金を使わされるものだとして強硬な反対運動も起きましたが、これまで短期的に収益をあげる事業にしかなされなかった投資が、長期的に利益をもたらすものへと移り、本当の意味で価値のあるものにお金が使われていく様子を見るにつけ、次第にその声も薄れていきました。また、マイナス利子のおかげで確実な収入が見込めるようになり、国の運営も実に楽におこなえるようになったのです。

確かにこの改革には、かなりの痛みが伴いました。でも、長い歴史の中でみれば、私は実に素晴らしい贈り物を国民に提供できたと思っています。なぜ今までこんな簡単なことに誰も気づかなかったのでしょう。限りある地球の中で無限の成長ができるなんて信じ込んでいたのが不思議なくらいです。本当の豊かさは物質のみの充足では得られないことに気づくための経験だったのでしょうか？

宮沢賢治の言葉が想い出されます。「全体が幸せにならなければ個人の幸せもありえない」と。

# 第七章
# 地域通貨に関するＱ＆Ａ

これまで地域通貨に関わってきた中で、よく質問された疑問について簡潔にまとめてみました。

### 〈Q１〉法的問題について？

地域通貨を発行しても法律的に問題はないのでしょうか？

〈A１〉

外国では、行政がカバーできない失業や地域経済の没落などの問題を下から支える実績が認められて、地域通貨を奨励している政府も多いのです。

日本ではまだ小規模なものが僅かに導入されたばかりで、当局の見解がでていません。ですから一般論的なことしかいえませんが、専門家によれば

①通貨は本位貨幣とは全く違うものにすること。

つまり出来るだけＬＥＴＳのような形が良いと思います。ＬＥＴＳなら実際に通貨をつくることはしませんから、まず問題になることはありません。

紙幣型ではひと目で現行の紙幣と区別がつくものでなければ問題を生じる可能性が高いでしょう。

②納税対象に入れること。

もし商売に取り入れた場合、地域通貨を税の支払い対象外にしないことが必要です。地域通貨を「税金を払わない口実」にすると地域通貨の存続自体が危うくなります。地域通貨を含めた売上げの中から国家通貨で税を支払うことが大切です。

LETSのように個人でおこなうものでもイギリスやフランス、オーストラリアでは課税しているケースがあります。特にオーストラリアの場合では、法律にも明記されています。

③両替はしないこと（つり銭は可）。

この点に関しては法律的なこととは別の問題もあります。地域通貨での価格設定は、たいてい国家通貨のそれを相場にしています。また、その価値も連動させています。ですが、地域通貨と国家通貨の両替を可能にすると、国家通貨を稼ぐために地域通貨を利用する人が出てきて、地域通貨の和が崩壊する事態が生じてきます。ですから地域通貨を国家通貨に両替することはしないで下さい。

④大規模かつオープンな仕組みにしないこと。

紙幣型の地域通貨は法的に問題視されています。一九三〇年代の地域通貨がほとんど消滅してしまったのも「紙幣を発行できるのは国家のみ」という大義名分を振りかざされたためです。しかし、中央集権型の国家では地域住民のニーズに応えられないことが分かってきた現在では、地方分権化が進み、中央ではケアーできない部分を地方が自ら解決することが望まれています。これから当局がどういう見解を出してくるか分かりませんが、主流経済に影響を与えない範囲でなら、紙幣型のものも可能だと思います。

また、トロント・ダラーの場合は、事務局が「本位貨幣」ではなく「クーポン」と定義付けています。このように建前として「通貨ではない」という形にする手もあります（苦笑）。

ＬＥＴＳのように、閉じられた輪の中で、通貨を造らないでおこなうものであるならば、問題を生じる可能性はきわめて低いと思われます。

以上を守れば、まず問題は起きないものと思われます。

〈Q２〉信用と担保は？

たとえば一九三〇年代ドイツで行われた地域通貨では石炭で担保していました。行政が行うものであれば信用があると思いますが、市民がおこなう場合はそういった信用がないと思われます。そのため、何らかの形で信用を担保しなければならないと思いますが、その点については、どうお考えですか？

〈A２〉

無担保通貨には二種類あって、権威的存在によって何もないところから造られた通貨を名目貨幣（fiat money）といいます。現行の国家通貨はすべて名目貨幣です。これと対照的に、ＬＥＴＳのような取引の参加者自身によって「借金」と「預金」の二つが同時に創り出されるものを相互信用通貨（mutual credit currency）といいます。これは参加者同士の信頼によって成り立っているお金です。ですから「権威ある人しか信用できない」という人には参加しづらいシステムかもしれません。「地域通貨の推進者は性善説論者ばかりだ」と揶揄されることもありますが、人間の良心を信じなければこのシステムには参加しづらいでしょう。だからこそ心優しい人が集まるのかもしれません。

人は環境によって変わります。心理療法家が心を患った人を治療する場合、まず安全な環境で、ありのままのその人を受け入れます。つまり、人は安全な環境の中では、健全な精神を取り戻しやすいのです。今の社会（つまり現行の経済システムがつくりだした空間）が安全な環境でないのは言うまでもありません。しかし、ＬＥＴＳのような「人と人が相互に信頼しあう空間」では、競争する必要もありませんし、人を騙す必要もないのです。ＮＨＫの『未来派宣言』という番組では地域通貨を「善意本位制通貨」と呼んでいました。名目貨幣と相互信用通貨、どちらが良いとは言えません。各々の選択の問題だと思います。あなたならどちらを選びますか?

**〈Q3〉「劣化するお金」って、どういうこと?**

「劣化するお金」の意義がよくわかりません。お金の回転がよくなって経済が活性化するというのはわかります。でも、なんとなく無理やりお金を使わされるみたいで納得できません。また、劣化するお金は環境にも良いと聞きましたが、その意味もわかりません。なぜそうなるのか教えて頂けますか？

〈A3〉

一九三〇年代と現代では、時代背景が違うので劣化する貨幣が持つ意味合いが違うと思います。かつては経済の活性化を目的として導入された「劣化するお金」ですが、ゲゼルの「劣化するお金」の本当の意義は「より公平な交換」にあると思います。より公平な交換をおこなうためになぜお金を劣化させる必要があるのか？　それをご理解頂くためにたとえ話をしましょう。

三人の子供がいる貧乏な母親がいました。ある日、子供たちは世の中が知りたいからといって家を出ることになりました。母親は餞別として長男に現金で一万円を与えました。次男には一個百円で売れるリンゴを百個、つまり一万円分のリンゴを与えました。三男には、それを使えば毎日一万円稼げる大工道具を与えました。母親は三人の子供を平等に扱ったと思っていました。

初めての夜、三人の子供はホテルに泊まろうとしました。宿泊代は三千円でした。長男は問題ありません。持っているお金の中から支払うことができますから。次男は三〇個のリンゴを売るか、兄から三千円借りなければなりません。それに、翌日にはリンゴの一部が傷んでしまう危険性もありました。三男は大工仕事をしてほしいと思う人間を探さなければなりませんでした。

この三人の子供は、長男は貨幣、次男は財、三男は労働の象徴です。母親は彼らを平等に扱ったし正しい判断をしたと思っていましたが、長男がもらったお金には性格上の優位性があったのです。お金は、誰もが、いつでも、どこでも使える交換の手段です。さらに、財は時間の経過と共に傷み、労働は蓄積しておくことができないのに、お金にはそうした制約がありません。また、財や労働は買ってくれる人を探したり仕事の依頼者を探す情報コストや取引コストがかかりますが、貨幣にはそれがありません。このような優位性に加えて「お金の希少性が生み出す利益」が利子の存在を正当化させています。

長男には、この優位性と「お金の希少性が生み出す利益」を放棄する代償として利子を請求する権利が生まれます。三千円の宿泊代は三人分で九千円ですが、仮に長男が弟達から「権利を放棄する代金」として一〇％を徴収すると、宿泊にかかる費用は総額九六〇〇円となってしまいます。このうち九千円がホテルに、利子分の六百円は長男の懐に入ります。もし三人の兄弟が平等な条件におかれるべきであるならば、お金を財の劣化率に合わせて同率で劣化させると共に、「お金が足りない」という状況を変えなければなりません。これを同時に解決するツールが「劣化するお金」の地域通貨なのです。

次に「劣化するお金」と環境の関係についてご説明します。「劣化するお金」は持っていれば価値が減ってしまいます。だから、どうしても何かに投資する必要性が出てきます。そこで何に投資するか？　すぐに価値のなくなってしまうものに投資しても意味がありません。資産が目減りするばかりですから。そうなると投資先は長期的にみて価値が持続するものへと自然に向かいます。

たとえば今の自動車。技術的には二〇年～三〇年使えるものが作れるのに、それでは買われる回数が少なくなるから、五、六年でガタがくるように作られているといわれています。これが「劣化するお金」の場合はどうでしょう。環境に配慮する者なら誰も五、六年で価値のなくなるものは買わなくなります。それより多少高くても二〇年～三〇年もつものを選択するでしょう。消費者が、そういう選択をすれば、メーカーはそういう商品を作らざるをえなくなります。買われないよりはマシですからね。長期の使用に耐えられるということは、それだけ資源を節約できることになります。つまり、「劣化するお金」は環境保全にも役立つというわけなのです。

ところで、この「劣化するお金」は本当に劣化しているわけではありません。マイナス利子として徴収された分は地域通貨の運営費など、当然皆が負担すべき費用の代金として使用されます。つまり、劣化した分のお金は、皆が必要としている公共財の構築のために使われ、また参加者に還元されていくのです。

〈Q4〉排他的になる気がするのですが……

LETSのように特定のコミュニティ内で流通するお金は、なんとなく排他的な匂いがします。たとえは悪いでしょうが、カルト集団と同じように一つの価値観しか受け入れられない共同体になってしまうのではないかと……。興味はあるのですが、正直なところ、ちょっと怖い気がします。大丈夫でしょうか？

〈A４〉

確かに一つのグループをつくるということは、「メンバー以外は仲間ではない」という意識になりがちです。気をつける必要はあると思います。また、地域通貨に過剰な期待をするのも問題です。地域通貨は一つの道具にすぎません。道具は使う人によって良くも悪くもなりうるのです。まして地域通貨の中には強制力を持つ罰則というものがありません。悪用しようと思えば悪用できるのです。ただ、お金は、親密でない人と交換をおこなうのに欠かせない道具です。人間の関係を変えるツールの中で、お金以上に効果的なものが資本主義社会において他にあるでしょうか？　人は決して独りでは生きていけません。助け合い、活かし合う必要があります。そういう関係を築くのに地域通貨は国家通貨より適しているものだと思います。基本的に地域通貨には主義主張、宗教、政治は関係なく参加できるものです。もし、そのようなものを振りかざす地域通貨のグループならば入らない方が無難でしょう。

〈Q５〉発行の上限は？

地域通貨の発行には上限を設けるなどの基準はあるのでしょうか？　ないとした場合マネーサプライ（流通する通貨量）の調節については、どうなるのでしょうか？　また、マネーサプライが増えた場合、取引、サービスの量が相当量ないと停滞してインフレを招く恐れがあると思われるのですが、その点についてはどうでしょうか？

〈A５〉

これはＬＥＴＳなどの通貨を発行しないものとイサカアワーのように紙幣を発行するものを分けて考える必要があります。

まずはＬＥＴＳ型のものですが、グループによって上限は違います。相互信用通貨では、お金を発行した人には「借金」としてマイナスのポイントがつきます。そしてお金を受け取った人には「預金」としてプラスのポイントがつきます。海外の事例では、上限を設けているシステムはまだ少数ですが、レインボーリングではマイナスのポイントを原則として一〇万までと規定しています。これにより自ずとプラスのポイントも上限も決まってしまいます。なぜなら、このシステムでは全員がマイナスになることはありえないからです。全体としては常にプラスマイナスゼロとなるのです。「原則として」としてあるのは、今のところレインボーリングには商店が加盟していないからです。ＬＥＴＳに商店が加盟した場合、上限が低いと取引が滞ってしまう可能性がありますので、取引高に合わせて調節していく必要があると思います。ビジネス目的でない個人の発行量が一〇万までいくことは余りないでしょう。そこまでマイナスが貯まる前に事務局から注意が促されます。注意を受けた参加者は何かを提供することによってマイナスポイントを減らしていくよう指導されます。ただし、たとえば中古車などの高額商品を取引する場合、個人でも上限オーバーを認められるケースもあります。それは、その人の過去の取引実績などを参考に考慮され、運営委員会で承認されれば上限オーバーも可能となります。

インフレに関しては相互信用通貨では関係がありません。このシステムではお金は取引において必要な時に生み出され、プラス残、マイナス残が清算される時に死にます。グループ全体としては常にプラスマイナスゼロなのですから、お金が不足することも余ることもありません。

つぎに紙幣型の地域通貨についてご説明します。相互信用通貨が、個人が発行するのに対して、紙幣型では運営委員会などの管理団体が発行しています。それは常に管理され、余剰の通貨が出ないように留意されています。しかし、管理団体がしっかりしていないとインフレが起こる可能性は充分あります。でも、それは国家通貨に比べればきわめて低いのです。なぜなら会員が参加した際に発行される金額が非常に低いこと（発行量の不足は流通速度の速さによってカバーされます）と、それ以外の新規の発行は、おおむね融資要求に応えるかたちで実行されていて、それには財やサービスの供給能力が裏付けになっているからです。自分たちが作りだした財やサービスに相応した貨幣供給量を決めることができるのです。要は、取引において貨幣需要が発生した時に、それに対応する貨幣供給が成立する仕組みであればよいわけです。

ただし、紙幣型でもトロント・ダラーのようなものは、国家通貨と連動していますから例外だと言えるでしょう。このタイプでインフレになった場合は中央銀行のミスでしかありません（笑）。

## 〈Q6〉地域通貨と市民の関係

地域通貨は、なぜ市民が起こす必要があるのですか？　行政がシステムとして取り入れてくれた方が、速く普及し、効果的なような気がしますけれど……。

〈A6〉

これは心理的な影響が大きいです。これまでの経緯から行政に対する不信感が市民にありますし、「上から押し付けられた形」のものは受け入れにくいと思います。それにLETSなどは、その趣旨を理解している人でないと和を乱す可能性が高いでしょう。市民が自主的に自らを助けるために参加してこそ、その効果が享受できるものだと思います。実際の参加者が意義を理解していないことには地域通貨といえども助け合いの道具とはならないと思います。ですから行政は自らがLETSをおこなうより、運営費を補助したり、地区会館などのスペースを提供したりと、市民の立ち上げたLETSを側面から支援する形にした方が望ましいと思います。

また、最近では企業の発行する企業通貨も注目を集めています。既にアメリカなどでは実際に動き出していて、数十年後にはドルよりも優位に立つと予測する専門家もいます。しかし、企業はその性格上、企業の利益になる人にしか利益をもたらさないという欠点があります。企業が救えない人を救うという形で企業通貨が働くのならば良いのですが、それは難しいと思います。既に幾つかの大企業は国よりも力を持っていて、企業の都合が世界のルールになってしまうことを懸念している人はたくさんいます。複雑な問題なので難しい所ですが、導入者がどんなに善意をもっていても、それを飲み込んでしまうのが市場原理です。市場原理で動いている企業に「協同を促進する通貨」が機能するのか？難しい問題だと思います。

## 〈Q7〉借金大王はどうするの？

LETSのメンバーの中で、サービスだけ受けてばかりいる人はどうなるのですか？　別に、減るものがお金のように有るわけではないし、借金のように返済する期限もない。逆にサービスばっかりしている人が貯金のように残したところでそれは現行通貨的な考えからすれば何の意味もないわけですよねえ。もし、好きなだけ自分の必要なサービスを他の人から受けても問題ない（つまり返済する必要がない）となれば、自分で何もせずにサービスを受けてばかりいる人が多くなることはないのでしょうか？　私など怠け者ですから、利用するだけ利用して借金の嵐になるような気がするのですが……。

## 〈A7〉

まず、第一に大事な点は、このシステムはお互いに助け合うためにあるものだということです。ですから入会時に「会の趣旨を理解して退会時には必ず精算するように」と念を押しておく必要があります。しかし、それでも守らない人は必ず出てくるでしょう。グループ全体の中で考えると難しくなるので、一対一の取引として考えてみましょう。たとえば私がAさんからお米を一〇〇〇ポイントで買ったとします。そうすれば私の通帳には「－一〇〇〇」が記録され、Aさんの通帳には「＋一〇〇〇」が記録されます。この後、私がお米を持ってこの会から離れたとしましょう。誰か損をしていますか？　Aさんに支払いをしないでお米だけ持って逃げたのならAさんは損をしています。しかし、Aさんには「＋一〇〇〇」ポイントが既に支払われているのです。つまり、LETSの中では取引がその場で終了してしまうのです。個人的に損をする人はいません。しいて言うなら、この助け合いのグループから離れてしまった私こそ損をしていると言えるでしょう。このグループの中なら借りを作っても、それがどんどん膨らんでいくことはありません。しかし、グループの外で借りを作れば、どんどん苦しくなっていくだけです。つまり、グループの外に出た人は自ら厳しい環境に身を置くことになり、自分の首を絞めることになるのです。

しかし、それでもマイナスのまま会から抜ける人は出てくるでしょう。でも、同時にプラスのまま会から抜ける人もいます。その分をプールしておいて、補塡すれば良いのです。

それでもマイナス分が補えなければ、交流会などのイベントを開きます。その参加費を地域通貨で払ってもらい、それに補塡します。楽しいイベントにすれば、それに参加料を払う人も嫌な気分にはならないと思います。

次にプラスの人の利点ですが、現行通貨的な考え方からするとたくさんのサービスが気兼ねなく受けられるという利点があります。もう一つ、LETS独特のモノとして「もっとも会の中で貢献している人」という称号です。現行のお金だと、何となく「お金をもっている人は何か悪いことをやっている人」というイメージがありますが、LETSでお金持ちは純粋に「皆の役に立っている人」なのです。言うなれば名誉職ですね。どれだけそのグループに貢献しているか数値で確認できるのです。「善行は隠れてやる」ことを美徳としてきた日本人には合わないかもしれませんが、本音では自分が頑張っている時、誰かが見ていてくれて、それを認めてくれれば嬉しくありませんか？よほど徳の高い人でないと、誰にも知られず善行を続けていくのは虚しくなってしまう気がしますが……（苦笑）。

さて、タイム・ダラーなど一部のシステムでは、一年間ですべてのメンバーのバランスをゼロにして、再び平等な形で再スタートするものがありますが、レインボーリングでは、マイナスのポイントを貯め過ぎる人には事務局から注意が促されます。ただ、自分は提供したいのに誰も取引してくれないとか、何を提供していいかわからないといった場合は、事務局の方から「こういうことはできないか？」とか「こういうニーズがあるからやってみないか？」というように指導して、一緒にマイナスポイントを減らす努力をしていきます。一種の職業カウンセラーみたいなものですね。そうしていくうちに「自分には何も出来ない」または「自分にはこれしかできない」という意識が変わり始め、人間には出来る仕事がたくさんあることに気がついてくれると思います。そして「自分の可能性」というものが広がり、柔軟な思考と積極性が身について、活き活きした人生を送ってもらえれば最高ですね。

## 〈Q8〉不正の問題は？

ＬＥＴＳで規模が大きくなると通帳の改竄《かいざん》とか不正が出てくると思うのですが、そういう場合はどうするのでしょう？

〈A8〉

これはですね、規模を大きくしないのです。匿名性を持たせると、中には悪知恵を働かす人も出てくるでしょう。人が「悪い誘惑」を断ち切ることができるのは、「信じてくれている人を悲しませたくない」という意識からではないでしょうか？　お互い顔の見える距離で、全員がお互いを知っていて、仲間意識を持てる範囲で運営していくようにすれば不正は行いづらくなると思います。もし、規模が大きくなりそうになったら独立してもらい、小さなグループとして別個に運営してもらった方が良いでしょう。そして、その小さなグループが他のグループと連携していくことで、多様な取引を確保します。もし何か問題が起きたら、そのグループの管理人に責任を持って対処してもらいましょう。

〈Q9〉「お金がすべて」になっちゃうんじゃないの？

LETSなどでは、これまで無償でやっていた小さな親切、たとえば、ちょっとお隣に足りなくなったお醤油を借りるとか、そういうことが全部お金に換算されて味気なくなってしまうような気がします。それだと「お金がすべて」みたいな今の風潮が加速されてしまうのではないでしょうか？

〈A9〉

何もLETSに入ったからといって、取引をすべて地域通貨でおこなう必要はありません。仲良くなったら無償でやってあげれば良いのです。ただ、お金は他の人とつながる際にもっとも便利なツールです。親しくない人でもお金という媒体が介在することによって何かを頼むことができます。でも、現行のお金は「競争原理」で成り立っていますから、協調関係を結ぶ際には相応しくありません。そんな時には「共生原理」に基づく地域通貨の方が相応しいと思います。地域通貨を使ってお互いの距離が近づいたら、それから無償の助け合いをおこなえば良いのです。LETSはコミュニティの再生を目的としています。コミュニティとは「無償の助け合いがおこなえる仲間が集まる場」です。地域通貨は崩壊してしまったコミュニティを再生するためのツールなのです。コミュニティ内では地域通貨すら必要ないものとなるでしょう。

**〈Q10〉値段のつけ方は？**

LETSでは、それぞれが取引の際に価格を交渉して決めると聞きましたが、値段のつけ方が難しい気がします。何を基準にすればよいのでしょうか？　また、LETSのグループが提携した場合、それぞれの基準が違うと提携できないと思うのですが……。

**〈A10〉**

多くのLETSは国家通貨と対応しています。たとえばレインボーリングの場合、一リング（レインボーリングの通貨単位）＝一円としています。また、おうみでは一おうみ（おうみの通貨単位）＝一〇〇円相当としています。それから千葉のPeanutsでは一時間の労働で一〇〇〇Pea（Peanuts

の通貨単位）を目安とし、これは時給一〇〇〇円分に相当するとしています。いずれにせよ円に換算して価格設定できるようになっています。ですから、もしレインボーリングで一時間の労働を依頼したら一〇〇〇リングが目安となります。ただし、簡単な労働や不慣れな仕事の場合などは五〇〇リングになることもありますし、逆にハードな労働やプロレベルの技術者には二〇〇〇リングになることもあります。結局は取引する双方の合意があればOKとなります。勿論、円と対応しない独特の基準を設けて頂いても良いのですが、もしこれから新規にLETSを立ち上げるような場合には、その後の提携のことも視野に入れて円と対応させておけば、いつでもスムーズに提携できると思います。

〈Q11〉地域の定義について

いろいろなグループと提携していったら地域通貨の意味がなくなってしまうのでは？　地域の中で循環するからこそ地域通貨なのではないのですか？

〈A11〉

地域通貨というのはあくまでも総称で、そのグループによっていろいろな呼び名があるように、目的や利便性に応じて変更しても構わないと思います。むしろ地域という言葉に囚われて限定してしまうとその地域での参加者が少ない場合、取引内容が少なかったり限定されてしまったりと不便極まりません。コミュニティ通貨という呼び方もあるように共通の理念や目的を持った人、たとえば現行の通貨システムに疑問を持つ人たちが地域通貨を通じてコミュニティを形成するというのも意味のあることです。そして、その地域で参加者が多くなってくれば自然と近所に住む人たちとの取引が多くなることでしょう。

**〈Q12〉イベントをやりたいのですが……**

地域通貨を普及するために地域通貨を体験できるイベントを開きたいのですが、どういうものがよいのでしょうか?

**〈A12〉**

イベントは単発で終るものがほとんどなので難しいですね。地域通貨は継続的に循環してこそ意味のあるものになります。イベントを機に地域通貨をスタートするなら問題はありませんが、もし単発で終るイベントでしたら、その地域にある地域通貨グループ(たとえばレインボーリングなら日本全国を対象としています)と連携して、なんらかの形でイベント用通貨が継続して使える環境を予め用意しておくことが必要かと思います。

**〈Q13〉地域通貨を導入したいのですが……**

地域通貨を導入したいと思っているのですが、どういうものが良いかわかりません。どんなものがベストだと思われますか?

〈A13〉

地域通貨は目的に合わせてそのルールを決めることができます。ですから、まず、何を目的として地域通貨を導入するか、はっきりと決めることが先だと思います。ＬＥＴＳやタイム・ダラーは相互扶助型と言われています。これらはお互いに助け合うことが主目的で経済効果はあまり期待できません。人と人との関係を広めたり、コミュニティの構築などに役立ちます。また、イサカアワーに代表される紙幣型のものは経済の活性化に適しています。紙幣型は使い方が国家通貨と同じなのでわかりやすいですし、会員でなくても使えますから不特定多数（と言っても地域は限定されますが）に広がります。コミュニティの構築にも役立ちますが、問題点も多くあります。まず、管理運営が難しいこと。インフレの話にも出ましたが、素人には貨幣の発行量や流通量をうまく調整することは難しいでしょう（トロント・ダラー型は別ですが）。それに、紙幣を発行することに対する法的な疑問も残っています。もし、それがクリアーできてもＬＥＴＳのように「マイナスでもお金が使える」という安心感がありません。発行量自体も少ないので、やはり限定的なイメージがあります。日本で無難におこなうならＬＥＴＳが一番適していると思いますが、やはり色々な地域通貨があって、目的別に使い分けられるようになるのがベストですね。

# 第八章
# ＬＥＴＳを立ち上げよう
## －ＬＥＴＳ導入マニュアル・日本版－

実際に「ＬＥＴＳを立ち上げたい」もしくは「ＬＥＴＳのメンバーを増やしたい」という方のために、その方法をご紹介致します。

もともとマイケル・リントン原案の『ＬＥＴＳプレイ』というものがあり、更にオーストラリアのマーチン・チャンバース（Martin Chambers）がそれを改良した『ＬＥＴＳプレイ　バージョン２』というものがありました。愛知県の杉浦則之さんたちのグループがオーストラリアに視察に行った際、その『ＬＥＴＳプレイ　バージョン２』を入手し、翻訳したものを私が教えて頂き、この本のために日本向けに改良したものが、この『ＬＥＴＳ導入マニュアル・日本版』です。

## 『ＬＥＴＳ導入マニュアル・日本版』

この『ＬＥＴＳ導入マニュアル』では

①ＬＥＴＳの説明会において、参加者が和やかな雰囲気の中で、お互いを知り合うことができます。
②現在の貨幣システムの問題点を、体験を通して分かりやすく説明できます。
③参加者がＬＥＴＳを利用するために必要な基本的な仕組みを、体験を通して分かりやすく説明で

きます。

④ＬＥＴＳを立ち上げようとしている、もしくは既にＬＥＴＳを運営している主催者が、新規もしくは既存のＬＥＴＳに新会員を登録するための場をつくることができます。

〈注意〉

この『ＬＥＴＳ導入マニュアル』の文書の中で〈グループ名称〉とあるところには、あなた方のグループ名を入れてください。また〈通貨単位〉というところには、あなた方の使っている通貨名を入れてください。

〈準備〉

基本的にこの『ＬＥＴＳ導入マニュアル』は何人でもできますが、二〇人以上の参加者の場合、より広範囲の話題が扱われ良い結果ができます。ただし、あまりに人数が多い場合は、ロールプレイングの際、二〇名程度のグループに分けて行ってください。

事前に次の準備が必要です。

①まず、数人からなる運営委員会をつくってください。物事を一人の力で行い、全責任を背負うというのは大変です。運営委員会では、お互い助け合い、楽しくできるように心がけてください。

説明会では、名札をつけて、参加者が質問しやすいようにしましょう。また、説明会用のスタッフは進行役と銀行員役の最低二人は必要です。

②説明会がうまくいくような会場を見つけてください。適切な電気設備や空調も大切です。受付用のテーブルを入り口に置いておくといいでしょう。そこのLETS通貨で買えるグッズ用のテーブルを用意して販売するのも、LETSを実際に見せることができるので有効です。

③おもちゃの紙幣を千円札×一〇枚、合計一万円分×人数分用意してください。

④配布物を人数分用意してください。可能であれば非木材紙や再生紙を使いましょう。

⑤会場は参加者が自由に動き回れるくらいの広さがあった方が良いと思います。

〈発表〉

あなたの自己紹介の後、説明会の目的を次のように説明しましょう。

①説明会において、参加者が和やかな雰囲気の中でお互いを知り合うことができます。

②現在の貨幣システムの問題点を、体験を通して分かりやすくご説明します。

③皆さんがLETSを利用するために必要な基本的な仕組みを、体験を通して分かりやすくご説明します。

④LETSを立ち上げようとしている、もしくは既にLETSを運営している主催者が、新規もし

くは既存のＬＥＴＳに新会員を登録するための場をつくることができます。

〈スタート〉

**進行役**「これから皆さんには、ロールプレイングゲーム風に市場経済の中で現在の貨幣システムがどのような問題を引き起こすのかを体験して頂きます。次にＬＥＴＳというシステムがどういうものかを体験して頂き、現在の貨幣システムとどう違うかを理解して頂きます。その後で、もしお気に召されましたら〈グループ名称〉に、その場でご入会頂けます。」

**このように、まず、これからどのように進めていくのかの説明から始めるとよいでしょう。**

**進行役**「ではまず、この中を一つの街とします。ここではまだ皆さんはお金を持っていません。基本的に自給自足をしていて、足りないものは物々交換で手に入れています。しかし、物々交換は交換の手段としてはとても不便です。たとえば、あなたが山に住む猟師だとしましょう。そして『たまには健康のために野菜も食べたいなぁ』と思ったとします。そこで野に降りてきて、野菜を作っている人を探します。もし、そこで見つけた野菜を作っている人が肉をほしがっていれば、交換はスムーズに成立します。しかし、相手が『肉より魚がいい』なんて言った場合は、さぁ大変です。あなたは海まで行って魚を釣るか、余分な魚を持っていて、なおかつ肉をほしがっている人を探さなければなりません。このように物々交換はお互いの間で欲求や必要性がピッタリ合っていないと交換がスムーズにいかないのです。」

**そこに怪しげな人間が現れて、こう言います。**

銀行員役「おやおや、物々交換なんてあなた方はなんて面倒なことをしているのでしょう。私がいい方法を教えてあげます。」

進行役「そう言って、皆にお金を配りました。」

**ここで銀行員役が参加者全員におもちゃの紙幣一万円分を渡します。**

銀行員役「これを使って交換をおこなえばスムーズに交換がおこなえますよ。」

進行役「では、このお金を使ってお店屋さんごっこをして下さい。やり方は簡単です。子供の頃、遊んだお買い物ごっこを思い出して下さい。皆さんは好きなお店屋さんになれます。そして、そのお金を使って取引をおこなって下さい。」

**スタッフが実例を見せます。**

進行役「皆さんは売る側にも買う側にもなれます。お金を持っているうちは買うことができますから、どんどん買い物をして下さい。」

**しばらく取引の様子を見守ります。もし渋っている人がいたら「聞いているだけでは分からないこともあります。それに、体験したことはなかなか忘れませんから」と言って参加してもらいましょう。売り買いに慣れてきたら次のように言います。**

銀行員役「どうです。お金があると便利でしょ。あっ！　ところで、言い忘れましたが、私は銀行員です。しばらくしたらお金を返してもらいます。皆さんには一万円お貸ししましたので利子をつけて一万一千円返して頂きます。もし、一万一千円が返せない人はお店を没収させて頂きます。さぁ、取引を続けて下さい。皆さん、稼いでくださいよ（笑）。」

**しばらくしたら取引を停止します。**

銀行員役「さぁ、皆さん、期限がきました。お金を返して下さい。」

**全員から一万一千円を徴収します。必ず返せない人がでてくるはずです。その人に次のように言います。**

銀行員役「エッ！　返せないんですか？　それは困りますね。あなたのお店は抵当に入っていますから、没収させて頂くこととなります。可哀想ですが、そういうシステムなので仕方ありません。」

**没収された人達に、部屋の隅の方に移動してもらいます。**

銀行員役「では、再び皆さんにお金をお貸しします。」

**残っている人に再び一万円を配ります。**

銀行員役「どうぞ、また御自由にお金を使って下さい。あぁ、それから今一番稼いだ人、こちらに来て頂けますか？」

**一番のお金持ちを呼んで、皆に聞こえるように言います。**

銀行員役「あなたはお金を稼ぐ才能があるようです。どうです。ここよりもっと稼げる所があるんですけど、私が紹介しますから、そちらでもっと稼いでみませんか？　ご心配なく。私はお金のことをよく知っています。絶対にもっと稼げますよ。」

**そう言って銀行員と一緒に移動します。**

進行役「はい。では再び取引をスタートして下さい。」

銀行員役「しばらくしたら、また利子を頂きにきますからね。お忘れなく。」

**再度、お買い物ごっこをしてもらいます。**

**しばらくしたらストップします。**

銀行員役「毎度ありがとうございます。では、また、皆さんから一万一千円返して頂きたいと思います。」

**再び全員から一万一千円を徴収します。今度はさらに返せない人が多くでて、残っている人が少なくなるはずです。そして、返せない人達に次のように言います。**

銀行員役「そうですか。お気の毒に。でも、そういうシステムなので仕方ありません。可哀想ですが、あなた方のお店も没収させて頂くこととなります。」

**没収された人達は、やはり部屋の隅の方に移動してもらいます。**

進行役「はい。ありがとうございます。今のロールプレイングは翌年まで条件が変化しないという単純な設定でおこないましたが、現実には人口やお金の量などが変化しないということはまずありえません。実際の世界では、それらは時間を通して成長し、その成長で得た一部を利子の支払いに当てます。しかし、基本的にはこのような構造自体かわりはなく、複雑で見えにくくなっているお金のシステムをシンプルにわかりやすくしたものです。では、ここでちょっと解説させて頂きますね。」

**千円札を出して見せる。**

進行役「このお札、日本銀行券って書いてありますね。今、紙幣を発行しているのは日本銀行です。でも、直接日本銀行から紙幣をもらった経験のある方いらっしゃいますか？　いないですよね。日本銀行は銀行の銀行として、まず市中銀行にお金を貸し出します。そのお金を市中銀行がお金を必要としている企業や商店などに貸し出します。その貸し出されたお金には利子がつきます。そして、もしお金を返せない場合、企業や商店は倒産して、そこで働いていた人も路頭に迷うことになります。ということは、今おこなったロールプレイングと同じことがおこなわれているんですね。お金を借りれば、元のお金、つまり元本プラス利子を返さなければなりません。しかし実際には、市場には元本の分しか出回っていないのです。わかりやすくたとえるなら、私たちは常にイス取りゲームをやらされているのですね。イス取りゲームでは必ず座れない人が出てきます。どれだけの人間がイスに座れるかは利子率に依存しているともいえます。さらに、追い討ちをかけるのが、この人の存在です。」

**と言って一番儲けた人を呼びます。**

進行役「この人は資本家です。この地域はみんなビンボーで、資本家としてはもはや魅力がないなりました。そしたらやっぱり、もうちょっと儲かる土地で商売をしたいと思うのが人情でしょう。そこで彼はより収益があがる所に移動してしまいます。そこの地域のお金を持って。こうなると地域に残されたお金はさらに少なくなって、失業者や破産者がたくさんでることになります。」

**破産者となった人達に「どんな気分か」また「これからどうやって生きていくか」を聞きます。**

進行役「街に残っている人達は、この人達（破産者）をどうしますか？　放っておきますか？それとも皆でお金を出し合って助けますか？」

**街に残った人達の意見を聞く。**

進行役「この人達の面倒をみるということは大変な負担になります。しかし、助けなければ、良心が痛みますし、それ以上に治安が悪くなります。貨幣経済の社会では、お金がないということは生きていけないということになってしまうのです。だから、お金のない人は生きていくために悪いこともしなければならなくなります。実際、失業率と犯罪の発生率というのは密接な関わりがあります。治安が悪くなれば、それに対する対策費も多くかかります。どっちにしろ残った人にも余計な負担がかかるのですね。」

**今のゲームの感想、ゲーム中の心の動きなどを参加者に話し合ってもらい、ボードなどに書き出します。**

進行役「今の貨幣システムでは常に競争が義務づけられてしまうのです。その結果として経済格差や失業問題などが起こり、コミュニティの崩壊が起こっています。これらは今の貨幣システムや市場原理至上主義といわれるものが生み出す必然的な結果です。このように問題点の多い現在の経済システムを補完する意味で普及してきたのがＬＥＴＳというシステムです。では次に、そのＬＥＴＳは実際にどのようなものなのか、どのような効用があるのかを、これも体験して頂きながらお話して行きたいと思います。」

**登録用紙を全員に配って下さい。**

進行役「ＬＥＴＳに参加したい人は登録用紙に自分が提供できるサービスや物品(これをGive youと言います)と、自分が提供して欲しいサービスや物品（これをGive meと言います)、それに一言ＰＲを書いて提出します。取引希望価格があればそれも書いてかまいません。」

**実際に書いてもらいましょう。**

進行役「これから実際にやってみますので、皆さんは書き終えたら私の所に持ってきて下さい。

登録された会員には通帳が支給されます。実際にはこの情報はインターネットのホームページ上か会報にて公開しますが、今日のところは壁に貼り出すだけにします。」

**登録用紙と引き換えに通帳を渡す。**
**集めた登録用紙は見やすいように貼り出す。**

進行役「メンバーは登録された内容を見て、お互いの話し合いのもとに価格を決めて取引します。取引では実際の通貨は使わず、数字だけのやり取りとなります。両者はそれぞれ自分の通帳に日付と取引内容、取引価格、それに収支を書き込みます。提供者にはプラスの〈通貨単位〉が、依頼者にはマイナスの〈通貨単位〉が記されます。書き終えたら通帳を交換し、内容を確認の上、自分のサインを書き込みます。通帳を返したら、これで交渉成立です。」

**スタッフが見本を見せる。**

進行役「それから、これはルールではありませんが、できれば交渉が成立したら『アミーゴ!』(amigo!)と言って握手をして下さい。『アミーゴ!』つまり友達とか仲間という意味です。日本では『お客様は神様です』的な感覚が当然のようになっていますが、LETSでは皆が生費者です。生費者とは未来学者のアルビン・トフラーがつくった造語なのですが、ようするに私達は生産者であると同時に消費者であると。生産だけしている人もいないし、消費だけしている人もいないのです。それなのに、その時の立場によって偉くなったり、遜《へりくだ》ってしまうのはおかしいということなんです。人間としては常に対等であり、人間同士、助け合っているのだという確認なんです。そうそう、『アミーゴ!』は男性へ言う言葉であって、女性の場合は『アミーガ!』(amiga!)となりますので、できればそうしてくださいね。よろしいでしょうか?」

**了解を求める。**

進行役「実際には、その通帳は使い終わったら事務局に送って頂く形になります。事務局では送って来られた通帳をもとに会員口座の収支を記録していきます。では、実際にやってみましょう。」

**貼り出してある登録用紙をみてもらう。**

進行役「さっきの買い物ゲームと同じ要領でやって下さい。全員が売り手にも買い手にもなれます。欲しいものがあったら、その人を探して交渉して下さい。交渉が成立したら通帳に記入して、サインを交換します。最後に握手して、相手の目を見ながら『アミーゴ!』と言って終わりです。」

**何度か取引を体験してもらったら終了する。**

進行役「LETSでのお金は、通常とは全く違った働きをします。普通のお金は希少性に基づいているので、常に生き残るために競争を強いられます。だから人はお金を稼ぐためにどんなことでもしてしまいます。お金を稼ぐために環境を破壊し、健康を破壊し、モラルを破壊しています。LETSでは、お金はその人自身が、その人が必要な時に、その人が必要なだけ発行できます。ですから常に足りないということはありません。また、マイナスでも利用できるために、お金がある・なしにかかわらず人々が平等にお金を利用できます。つまり全員に同じ購買力があるのです。貨幣経済においては購買力＝力ですから、お金を持っている人が権力を握ってしまうのです。でも、LETSでは皆が同じ力を持つことになるので、誰でも自分の尊厳を保つことができ、対等な関係が結べます。」

**全員が把握できているか確認する。**

進行役「LETSの賢い使い方は、皆さんの希望する物やサービスを提供してくれる人にLETSを紹介して下さることです。そうすれば皆さんは希望する物やサービスを得ることができて、その人はこの素晴らしいシステムを得ることが出来ます。さらに会員全体にとっても利用できる物やサービスが増えるというわけです。」

**LETSの取引で一番プラスの多い人に出てきてもらう。**

進行役「さて、この人はやはり資本家です。しかし、このお金はこの地域でしか使えないために持ち出すことができません。また、このお金には利子がつきません。持っていれば利子のつくお金と利子のつかないお金。どちらから使いますか?」

**参加者に聞く。答は勿論「つかないお金」。**

進行役「そうですね。このお金はこの地域でしか使えないために購買力が外に逃げていきません。ですから、このお金は地域に留まって循環し、経済を活発にします。お金が循環すれば何倍もの経済効果を挙げることが出来ます。また、先程のように地域からお金がなくなって失業するということもありません。失業者がいなくなれば失業手当のための支出もなくなりますし、治安も安定します。また、互いのニーズが分かっているのでダイレクトセイリング(直売)が出来、どこにいるのか分からないお客さんを捜すために多額の広告料や仲介手数料を支払う必要がなくなります。ということは物が安く手に入るということですね。さらに、お互いに顔なじみになるので変な物は売れなくなり、安心して良い物が手に入るようになります。では、皆さんに質問します。経済が活発で、安定し、失業者がいなくて、治安が良く、住人同士のコミュニケーションも活発で明るい街に住みたいと思いますか?」

**参加者に聞く。答は勿論「はい」**

進行役「LETSを導入すれば、そのような街をつくることができる可能性があります。LET

Sの意義を理解して頂けたでしょうか?」

**参加者に聞く。答が「はい」ならOK。「いいえ」の場合は質問を受ける。**

進行役「このようなシステムを日本で根付かせることが出来たら素晴らしいと思いませんか? この趣旨に賛同して下さる方は是非、〈グループ名称〉の会員になって下さい。会員になってくださる方は先程の登録用紙をそのまま登録させて頂きます。もし、まだ検討したいという方は登録用紙をお返しします。」

**登録してくれた会員には正規の通帳とIDナンバー、それに会員規約を支給し、さらに詳しく会員規約などを説明します。**

## [登録用紙サンプル]

# ＬＥＴＳ参加者登録シート

メンバーは登録された内容をもとに連絡をとり、お互いの話し合いのもとに価格を決めて取引します。＊印の部分は公開しても良いものだけお書きください。

| | |
|---|---|
| 氏名《フリガナ》 | 会員ＩＤ |
| *住所　〒 | |
| *電話 | *ＦＡＸ |
| *E－mail | |
| 自己アピール | |
| | |

| Give you（提供したいサービスまたは物品）こんなこともできますよ | | | |
|---|---|---|---|
| Give you | ひとことＰＲ | 希望価格（円） | 希望価格（地域通貨単位） |
| | | | |
| | | | |
| | | | |
| | | | |
| | | | |

| Give me（提供してほしいサービスまたは物品）こんなこと助けて下さい | | | |
|---|---|---|---|
| Give me | ひとことＰＲ | 希望価格（円） | 希望価格（地域通貨単位） |
| | | | |
| | | | |
| | | | |
| | | | |
| | | | |

[通帳サンプル]

| 日付 | 取引相手 | | 取引内容 | 取引勘定 | | 残高 | 相手のサイン |
|---|---|---|---|---|---|---|---|
| | 氏名 | ID | 物・サービス | 受取り | 支払い | | |
| | | | | + | − | | |
| | | | | + | − | | |
| | | | | + | − | | |
| | | | | + | − | | |
| | | | | + | − | | |
| | | | | + | − | | |
| | | | | + | − | | |

[通帳記入例]

| 日付 | 取引相手 | | 取引内容 | 取引勘定 | | 残高 | 相手のサイン |
|---|---|---|---|---|---|---|---|
| | 氏名 | ID | 物・サービス | 受取り | 支払い | | |
| 1/22 | 滝野 | 16 | じゃがいも10個 | + | −100 | −100 | たきの |
| 1/24 | 小川 | 28 | 古着 | +500 | − | +400 | 小川 |
| 1/28 | 星川 | 8 | ワープロ入力 | + | −2000 | −1600 | 星川 |
| 2/1 | 根本 | 33 | 英会話 | +2000 | − | +400 | ねもと |
| 2/3 | 藤田 | 45 | 犬の散歩 | +1000 | − | +1400 | 藤田 |
| 2/5 | 大森 | 7 | 庭掃除 | +1000 | − | +2400 | 大森 |
| 2/5 | 吉田 | 24 | マッサージ | + | −1000 | +1400 | 吉田 |

# 付録その一——日本の地域通貨紹介

日本では、二〇〇〇年二月現在、研究中のところも含め三〇カ所ほどで地域通貨が動き出しているようですが、大きく分けて行政主導のものと民間主体のものがあります。そのうち個人的に親しくお付き合いさせて頂いている幾つかの民間グループを御紹介させて頂きます。

## ☆ピーナッツ

一九九九年二月一四日、NPO千葉まちづくりサポートセンターの設立総会時に始めた。形態は一〇〇〇Pea定額のパーソナルチェック方式で、NPOと、サポーターの間でのみ有効のものとした。広範な意味のまちづくりにLETSを利用するウオーミングアップとして試用した。一時間の働きを一〇〇〇Peaを目安とした。同時に本格的に地域で利用されてLETSの効果を発揮させるにはどのような形態が良いのか検討を続けた。七月の約一〇日間の英国調査も含め、わが国の社会環境や将来の発展を考慮して、交換リングが適当であると判断した。これを受けて、九月九日を期してPeanutsのバージョンアップを行った。これまでに利用したサポーターは六〇人、七万Peaが発券され二万PeaがNPOに還流した。具体的に商店会にPeanutsを導入するのは非常に困難で、数回にわたるフォームの変更を重ねながら、現在試行パイロット商店で利用を始めている。九月までには、利用者二〇〇人、参加商店二〇店舗程度を目標としている。

［問い合わせ先］

ＮＰＯ法人千葉まちづくりサポートセンター　運営委員　村山和彦

電話〇四三―二〇六―七七二六

Ｅメール born@jca.apc.org　ＵＲＬ http://www.jca.apc.org/born/

## ☆ポラン交換リング

賢治の学校はすべてのいのちとつながり、世界全体の幸福を目指す運動です。個人が自立しながらつながって行くためには、お金は避けて通れない重要な問題です。お金を友愛にするために東京から始まったリングですが、現在は全国各地の地域事務局を中心にローカルリングを作っています。各ローカルリングが自立していることを大切にしながら、リング間のネットワーク化を進めています。

［問い合わせ先］

〒一九〇―〇〇二三　東京都立川市柴崎町四―三―一八池戸ビル　東京賢治の学校

電話〇四二―五二三―七一一二　ファックス〇四二―五二三―七一一三
Eメール kenji-gakkou@ma.neweb.ne.jp　URL http://www1.neweb.ne.jp/wa/kenji/

☆おうみ

草津コミュニティ支援センターが発行・運営をしている地域通貨「おうみ」には一、五、一〇の三種類の紙幣があります。一おうみは百円相当ですが、円に換金はできません。参加者は個人五〇名、団体三六で、現在、約一六〇〇おうみが発行・流通しています。

会員は「できること」「してほしいこと」といったサービス情報を、会費千円を払って登録すると八おうみを受け取ります。「窓口当番をすると五おうみ」「トイレそうじで四おうみ」など、センターのボランティアでも「おうみ」をもらえます。

登録されているサービスには「お年寄りの話し相手をします」「買い物代行します」「新鮮な卵を譲ります」といったものが約一四〇項目あり、リストを見て互いにサービスをやりとりし、サービスを受けるとお礼に「おうみ」を支払います。支払い額は、当初から定めてもいいし、当人どうしで決めることもできます。また、センターの利用料のディスカウント券としても使うことができます。

［問い合わせ先］
〒五二五―〇〇三四　滋賀県草津市草津二―八―二五　地域通貨おうみ委員会

電話〇七七―五六二―一一五三　ファックス〇七七―五六二―一一五三
Eメール ohmi@kaikaku21.com　URL http://www.kaikaku21.com

☆レインボーリング

レインボーリングは環境問題への関心を高めるために行っているレインボーパレードを母体としている交換リングです。本来なら交換リングは身近な範囲で行うべきものなのですが、日本において認知度の低い地域通貨への関心を高めるために敢えて日本全国を対象としています。LETSに興味を持っているけれど、どうしたらよいか分からないという場合は、まずレインボーリングに入って頂いて、そこで体験し、それから各地で実践して頂ければ良いかと思います。

[問い合わせ先]
〒二一四―〇〇一四　神奈川県川崎市多摩区登戸三四一四
アリエルダイナー内レインボーリング事務局
電話〇四四―九一一―一八七三　ファックス〇四四―九一一―一八九七
Eメール info@rainbow-ring.net　URL http://www.rainbow-ring.net/

☆ハートマネー安曇野リング

LETS型の地域通貨を運営しています。……舎爐夢（シャロム）ヒュッテ、有明の家を中心に三団体七〇人で稼働、二〇〇〇年のいのちの祭りタカボッチでも事務局内で使われる予定です。
［問い合わせ先］
〒三九九―八三〇一　長野県南安曇郡穂高町豊里　舎爐夢（シャロム）ヒュッテ　臼井健二
電話＆ファックス〇二六三―八三―三八三八
Eメール shalom@ultraman.gr.jp
舎爐夢（シャロム）ヒュッテの紹介ホームページ　URL http://www.ultraman.gr.jp/~shalom/

### ☆レッツチタ

レッツチタは、平成十一年の夏に、レッツゲームに参加した仲間が、せっかくだから、生活の中に取り入れてみようと思ったところから始まりました。人口六〇万人、五市五町に及ぶ、知多半島という大きなエリアを対象に、二〇〇〇年の一月に立ち上げ、月一度の説明会、交換会を兼ねたお茶会を行っています。目下、会員二五名ほどで、ホームページ作成に向けて動いています（その後、立ち上げました）。二一世紀に向け、人々が心を開き、互いに補い合えるお手伝いができれば幸せです。
［問い合わせ先］
〒四七五―〇〇七三　愛知県半田市美原町一―九七　レッツチタ事務局　杉浦明巳
電話＆ファックス〇五六九―二九―四三一五

Eメール miea@chitanet.or.jp　URL http://www2.cjn.or.jp/~yukiando/LETS/index.htm

### ☆苫小牧の交換リング「ガル」

苫小牧の交換リング「ガル」は、「苫小牧の自然を守る会」の活動の中で必然的に産まれました。自然環境を本当に守っていくには、対症療法ではダメで、経済システムを変えていかなければ根本解決にはなりません。自分たちにもできる取り組みを、ということで地域通貨をやってみることになったのです。「ガル帳」を持った参加者は、皆、「ガル・フレンド」です。

［問い合わせ先］
苫小牧の自然を守る会　代表舘崎やよい　電話〇一四四―三四―一三八五
ガル委員会「ガル長」石塚オサム
電話〇一四五二―五―二八七八
Eメール ishikoro@hokkai.or.jp　URL http://city.hokkai.or.jp/~ishikoro/garu.html

資料提供　画　Y.TOMOKO／文案　O.ISHIZUKA（地域通貨担当ガル長）

資料提供　156ページと同じ

## 付録その二――レインボーリング説明書

レインボーリングは日本全国を対象として一九九九年一〇月一六日からスタートした日本版LETSです。LETSを立ち上げたいけれど、いきなりは不安だという方は、どうぞ一度レインボーリングで体験されてからご自分で立ち上げてみてください。

### 【Rainbow Ringとは】

レインボーリング(以下RRと表記します)とは日本におけるコミュニティの再生を主目的とし、円の代わりにリング(以下Rと表記します)というバーチャルマネーを使用した相互扶助的な決済システムです。

### 【RRという名称の由来】

バビロニア神話では、虹の七色は惑星の七色と対応しており、「世界の調和をはかる」女神イシュタルの首飾りであると言われています。つまり、虹は調和のシンボルであり、一人ひとりの独自の色（個性）を合わせて美しい虹のような調和のとれた社会を創りたいという願いが込められています。

また、リングは輪＝和であり循環型共生社会のシンボルでもあります。小さな輪＝和をつなぎ合わせることで、より大きな輪＝循環型社会を築いていきたいという想いが込められています。

**【RRの特徴】**

RRの特徴はグローバルな視点から日本を一地域と捉え、現代において希薄になってしまった地域内での人と人とのつながりや信頼関係を回復することを主たる目的としている点です。RRは会員相互の信頼に基づいて成り立ち、利用することでさらに信頼関係を深める、または新たな信頼関係を築くためのコミュニケーション・ツールなのです。

また、もう一つの特徴としては人的金銭的不足に悩むNPOを支援するシステムを設けている点です。

**【Rの価値】**

将来、他の地域通貨と互換性を持たせる際の利便性と分かりやすさを考えて一R＝一円相当とします。但し、リングを円に換金することはできません。

**【RR入会方法】**

RRに参加したい人はLETS普及実行委員会事務局に①年会費三〇〇〇円を支払い、名前、住所、連絡先、②自分が提供したいサービスや物品（以下、Give youとします）と、自分が提供して欲しいサービスや物品（以下、Give meとします）、それに一言PRを③登録します。
※参考①
年会費三〇〇〇円は会報の発行・発送、ホームページの管理・運営、事務局の運営費用等として使用します。
※参考②
希望取引価格も掲載可能とします。
※参考③
登録内容は随時変更可能とします。

登録された会員にはLETS普及実行委員会発行の通帳とIDナンバーが支給されます。

会員情報はインターネットのホームページ上か会報にて連絡しますので、登録の際、会報が必要かどうかを必ずお申し出下さい（紙を節約するため、インターネットを御活用の方はなるべく会報はお控え下さるよう御協力お願いします）。

会員になられる方はRRの意義と趣旨、それに左記の注意点を充分に御理解の上、御登録下さい。


【入会上の注意】

①取引の際に生じるトラブルに対してLETS普及実行委員会は一切の責任を負いません。各自が会の趣旨を充分に理解し、トラブルを発生させないように心掛けて下さい。もし万一、トラブルが発生しても当事者間で解決の道を見つけるよう努めて下さい。

②退会の際には収支をゼロにするよう心掛けて下さい。但し、プラスのRは他のメンバーかLETS普及実行委員会に譲渡することが出来ます。またマイナスのRは国家通貨（円）に換算して精算することも出来ます。

③通帳はRR会員であることの証となります。紛失したり汚したりしないよう大切に取り扱って下さい。もし、紛失された場合は直ちに事務局に御連絡下さい。

④RRは未だ発展途上のシステムです。従って四半期毎に規則の見直しを行い、改善すべき点があればLETS普及実行委員会の合議の上で規則を変更することがあります。

⑤事務局への連絡は緊急の場合を除き、確実性、正確性、それに経費節約を考慮してFAXかEメールもしくは郵便にてお願いします。

## 【RRの使い方】

メンバーは登録された内容をもとに連絡をとり、お互いの話し合いのもとに価格を決めて取引します。

取引では実際の通貨は使わず、数字だけのやり取りとなります。

両者はそれぞれLETS普及実行委員会発行の通帳に日付と取引内容、取引価格と収支を書き込みます（提供者にはプラスのRが、依頼者にはマイナスのRが記されます）。

通帳を取り替え、それぞれの内容を確認したら自分のサインを書き込み交渉成立となります。

通帳は四半期毎（三月末・六月末・九月末・一二月末）に事務局に郵送もしくはファックスして下さい

（期間内に記入欄がなくなった場合も事務局に郵送して下されば新しい通帳と取り替えます）。

その通帳をもとに事務局に開設した会員口座にそれぞれの取引状況が記録されます。

このRには利子も利息もつきません。通常の貸借関係とは違い、Rがプラスの人はメンバー内で役に立っている人、Rがマイナスの人は他のメンバーにお世話になっている人であり、「いずれ誰かにお返しします」という約束に過ぎません。但し、マイナスのRは上限一〇万Rまでとします。また、マイナスばかりが続きプラスのRがつかない状況が続くと、他の人の信頼をなくしてしまい取引してもらえなくなる恐れがありますので、事務局から注意を促すことがあります。

**【特別措置】**

①通常、会員期限は一年間ですが、当初は会員数が少なく利便性が低いと思われますので、RRの正式スタートは二〇〇〇年一月一日とし、それ以前の登録者はプレ会員として会員期限を二〇〇〇年一二月三一日までとします。

②取引の相手が遠方の場合、実際には両者のサインが書けない場合があります。その際は合意であることを両者が事務局に連絡下されば取引成立と致します。

③マイナスのRは原則として上限一〇万Rまでですが、LETS普及実行委員会で認証された場合においては上限をオーバーするケースもあります。

④会員間の取引は原則としてRで行われますが、原材料費のかかる物品に限っては現金＋Rでの価格提示も可能とします（例・手作りTシャツ、原材料費その他一千円＋手数料その他五百R。

引っ越しの手伝い、交通費実費＋五千Ｒ）。

⑤委員会は原則的に補填としてＲを発行することはありませんが、ＬＥＴＳ普及実行委員会の合議で認証された不測の事態（会員の不慮の死や急な海外転勤等）に対しては補填としてＲを発行することもありえます。

⑥信頼関係に基づいたネットワークですから人間を全面的に信頼したい所ですが、ホームページなどでは会員以外にも情報が見えるので、セキュリティの問題上、会員住所は市や区単位までの掲載とします。連絡は希望者には事務局を経由することにして、依頼者↓事務局↓提供者↓依頼者という形で連絡をとるようにします。

【ＮＰＯ支援システム】

支援を受けることのできるＮＰＯの条件は五名以上のＲＲ会員と一名以上の実行委員を有しＬＥＴＳ普及実行委員会の合議で認定された団体とします。

条件を満たしたＮＰＯはＲＲ会員にＰＲする場と口座を持つことができ、ＲＲ会員から寄付を受けることができます。

ＲＲ会員は直接ボランティアに参加できなくても自分の得意なことをして稼いだリングを寄付することで間接的にＮＰＯを援助することができます。

【ホームページ】

インターネットのホームページには次の情報が記されています。

①レインボーリングの説明
②ＬＥＴＳの説明
③取引情報（会員ＩＤと氏名、住所、連絡先、Give you Give me、希望取引価格、一言ＰＲ）
④取引記録（会員ＩＤと氏名、取引内容と取引額、残高）
⑤イベント情報
⑥ＮＰＯのＰＲコーナー
⑦その他の情報を公開します。
　ＵＲＬはhttp://www.rainbow-ring.net/です。

【会報】
会報は二ヶ月に一度の発行とします（偶数月の月末に〆切り、奇数月の十日に発行）。
会報には取引情報と取引記録（会員ＩＤと氏名、取引回数と収支）、イベント情報、ＮＰＯのＰＲ等を掲載します。

【ＲＲの長所・利点】
・小さな事業を興しやすい（趣味を仕事にしやすい）。
・自分の新しい可能性を見つけることができる。
・「人のために自分は何ができるのか？」を考える機会が増える。
・友達が増える（メンバー同士がコミュニケーションして取引をするため、お互いの顔が見える関係が生まれ、メンバー間の結びつきが高まります）。
・他人に役に立っていることが実感できる（通常は商品やサービス＝お金ですが、ＲＲでは商品やサービス＝相手の笑顔や感謝の言葉となります）。
・借りをきちんと返すことで信頼関係が厚くなる。
・不当な取引が行いづらいので安価に取引ができる。
・信頼できる仲間から買うことで、安全で良質なものが手に入りやすい。
・不況等の理由により意欲があるのに就業できない労働力を有効活用できる。
・市民が地域経済を主体的に創造することができる。

**【提携団体】**

レインボーリングはハートマネー安曇野リングと提携していて、両者の会員は自由に取引が行えます。詳しくは下記連絡先へお問い合わせください。

〒三九九―八三〇一　長野県南安曇郡穂高町豊里　舎爐夢（シャロム）ヒュッテ　臼井健二
電話＆ファックス〇二六三―八三―三八三八　Ｅメール shalom@ultraman.gr.jp
舎爐夢（シャロム）ヒュッテの紹介ホームページ　ＵＲＬ http://www.ultraman.gr.jp/~shalom/

**【入会申し込みについて】**

レインボーリングに入会をご希望される方は、登録用紙にお名前、ご住所、連絡先、Give you（自分が提供したいサービスや物品）Give me（自分が提供して欲しいサービスや物品）とその分類番号、一言PR、それに希望取引価格をご記入の上、左記連絡先へご郵送頂いた上で、ＬＥＴＳ普及実行委員会事務局へ年会費三千円をお支払い下さい。

**【事務局連絡先】**

〒二一四―〇〇一四　神奈川県川崎市多摩区登戸三四一四
アリエルダイナー内レインボーリング事務局
電話〇四四―九一一―一八七三　ファックス〇四四―九一一―一八九七
Eメール info@rainbow-ring.net　ＵＲＬ http://www.rainbow-ring.net/

**【振込先】**

郵便振替口座　口座番号〇〇二六〇―六―五四三三二
口座名称　レインボーリング

## 【提供内容の分類と例】

登録申し込みの際は以下の表を参考に分類番号をお書き下さい

| |
|---|
| **①家事、家庭とコミュニティ支援**<br>ベビーシッター、ペットの世話、留守番、買い物代行、家事手伝い等 |
| **②輸送**<br>運転代行、引っ越しの手伝い、荷物の配送、人の送り迎え等 |
| **③事務、オフィスサービス、電算機処理**<br>コンピューターの指導、プログラミング、ファイル作業、入力・印刷等 |
| **④スポーツと外交**<br>イベントの手助け、コーチ、対戦相手、用具貸し出し等 |
| **⑤修理、補修、建築、建設**<br>車の修理、自転車修理、大工、室内装飾、掃除、塗装、家電製品の修理、インテリアのアドバイス等 |
| **⑥間貸し、宿泊、旅行**<br>夏場の家貸し、間貸し、別荘の貸し出し、旅行の案内等 |
| **⑦絵画、工芸**<br>絵画モデル、メイクのアドバイス、写真撮影、ポスター制作、カメラマン等 |
| **⑧庭仕事、園芸**<br>庭仕事、盆栽、水やり、枝切り、ガーデニングのアドバイス等 |
| **⑨被服、織物**<br>衣服の繕い、衣装制作、編み物指導、カーテン作り等 |
| **⑩教授、翻訳**<br>英会話、ピアノ指導、家庭教師、翻訳等 |
| **⑪料理配達と食べ物**<br>家庭菜園の野菜、自家製ケーキ、料理指導、お菓子作り指導等 |
| **⑫新品・中古品販売及び貸し出し**<br>子供服、古着、古本、オモチャ、家具等 |
| **⑬健康、セラピー**<br>鍼、灸、カウンセリング、マッサージ、指圧、ヨガ、気功、催眠療法、各種セラピー等 |
| **⑭精神的なこと**<br>占い、瞑想指導、ヒーリング等 |
| **⑮上演、創造的芸術**<br>詩作、歌唱、朗読、演劇、楽器演奏等 |
| **⑯雑務**<br>事務局の手伝い、その他なんでも |

# レインボーリング参加者登録シート

メンバーは登録された内容をもとに連絡をとり、お互いの話し合いのもとに価格を決めて取引します。＊印の部分は公開しても良いものに○をつけてください。

| | |
|---|---|
| 氏名《フリガナ》 | 会員ＩＤ |
| *住所　〒 | |
| *電話 | *ＦＡＸ |
| *E－mail | |
| 自己アピール | |
| | |

| Give you（提供したいサービスまたは物品）こんなこともできますよ | | | | |
|---|---|---|---|---|
| Give you | 分類番号 | ひとことＰＲ | 希望価格（円） | 希望価格（R） |
| | | | | |
| | | | | |
| | | | | |
| | | | | |

| Give me（提供してほしいサービスまたは物品）こんなこと助けて下さい | | | | |
|---|---|---|---|---|
| Give me | 分類番号 | ひとことＰＲ | 希望価格（円） | 希望価格（R） |
| | | | | |
| | | | | |
| | | | | |
| | | | | |

| | | | | | |
|---|---|---|---|---|---|
| 年会費 | 未・済 | 連絡先 | 公開・事務局 | 会報 | 要・不要・E-Mail |

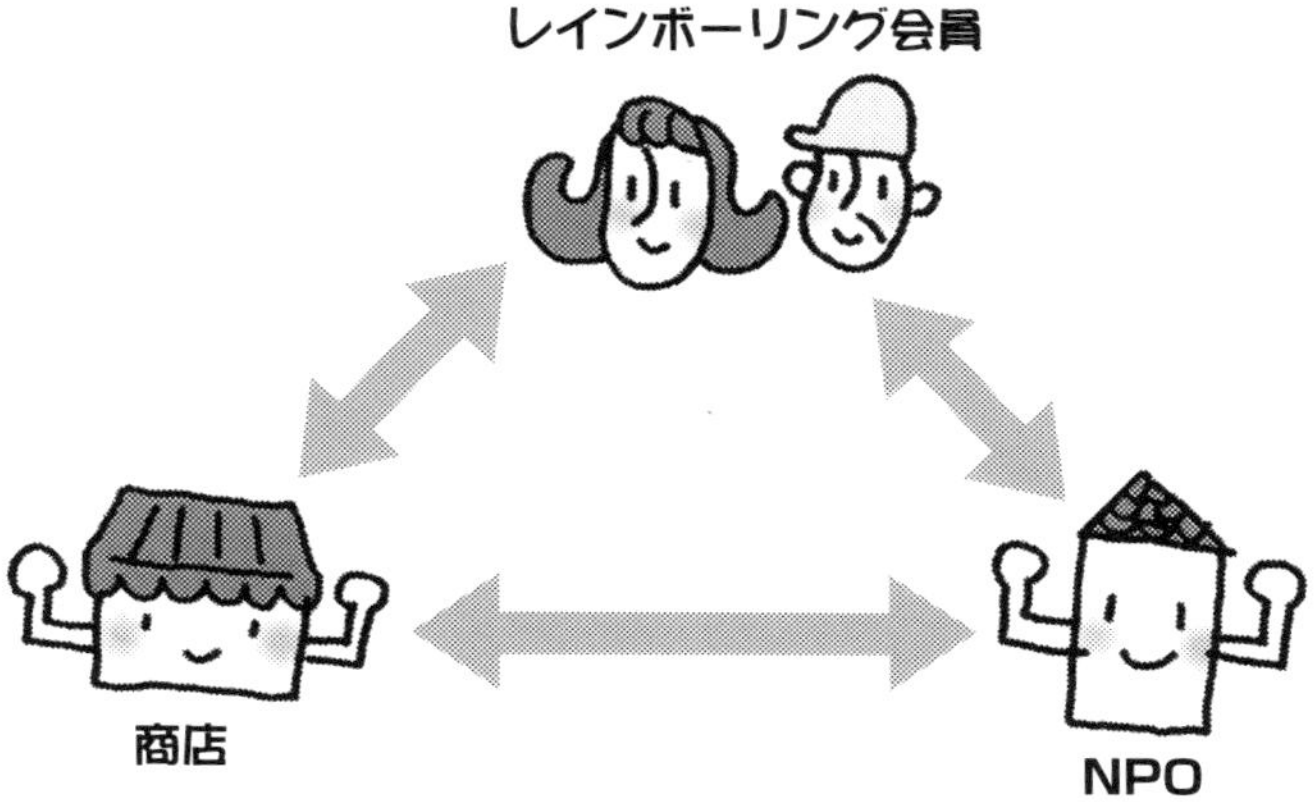


**商店がレインボーリングに加盟した際の利点とリングの流れ**

レインボーリングに加盟すれば会員に会報やホームページを通じて常にお店をアピールできます。

→

レインボーリング会員は仲間意識があるので優先的に加盟店に買い物に来ます。実際にお店で商品を購入する場合、リングと日本円とを組み合わせて使うことも可能です。その場合、商品やお店によって消費税の払い方が内税方式と外税方式に分かれています。円とリングの払い方は以下のような組み合わせが考えられます。

(例)　一〇%をリングで支払い可能とした場合

(a)内税一〇〇〇円のケース
→ 九〇〇円＋一〇〇R

(b)外税一〇〇〇円のケース
→ 九五〇円＋一〇〇R

**お店が貯めたリングの使い道**

①ＮＰＯに寄付する。

貯めたリングを寄付することにより社会的貢献をしていることをアピールできます。

←　ＮＰＯは寄付されたリングでレインボーリング会員に仕事を依頼できます。

←　リングを稼いだ会員は加盟店で買い物をします。

※リングは使える場所が限られているので必然的に加盟店に買い物に来るのです。

②急に人手が必要になった時、リングで短時間・日雇い・短期のバイトを雇うことが出来る。

←　求人費節約

③従業員がレインボーリング会員からサービスを受けることができる。

←　厚生費節約

④リングの輪が広がれば仕入れにリングの使用も可能。

# 参考文献

「地域通貨の有効性についての考察〜新たな地域内資金循環の可能性〜」泉留維　同志社大学大学院経済学研究科　学位論文（修士）　二〇〇〇年
『エンデの遺言』河邑厚徳＋グループ現代　ＮＨＫ出版　二〇〇〇年
「地域通貨―連帯と信頼のお金―」森野栄一『社会運動　二三八号』市民セクター政策機構　二〇〇〇年
「地域通貨―二一世紀の新たなツール―」バーナード・リエター（森野栄一訳）『自由経済研究　第一四号』ぱる出版　一九九九年
『Das Geld der Zukunft~Uber die destruktive Wirkung des existierenden　Geldsystems und die Entwicklung von Komplementarwahrungen　Vorwort von Wilhelm Hankel~』Bernard A. Lie taer Riemann Verlag　Munchen　一九九九年
『Geld ohne Zinsen und Inflation Wilhelm Goldmann Verlag』Margrit Kennedy Muenchen　一九九四年
『地球村宣言』高木善之　ビジネス社　一九九六年
『お金と社会のしくみ』牧田正一路　日本少年文庫　一九八三年

『お金のはなし』久保田晃　さ・え・ら書房　一九八四年
『お金と人間のくらし』岸本重陳　岩崎書店　一九八七年

# あとがき

地域通貨が普及すれば新しいセーフティーネットとして効力を発揮すると思います。でも、それにはたくさんの方がこのシステムに参加して下さることが条件です。そうしなければ折角のシステムも稼働しないのです。

また、決してこれが全てを解決する万能策ではありません。今のところはあくまでも現行通貨の欠点を補完するものです。でも、この地域通貨を普及することによって多くの人が盲目的に従ってきた「お金」というシステムを変えることができると思います。神が創った自然物であれば変えることはできませんが、お金は人間が創り出したものです。決して変えられないものではありません。きっと、この動きの中から新しい「より良いお金のシステム」が構築されていくものと思います。この趣旨に賛同して下さる方は、是非、地域通貨の輪の中に入ってきて下さい。みんなでハッピーな社会をつくりましょう！

文末になりましたが本書を執筆するにあたり多くの方々のご協力をいただきました。村山純子さん、村山和彦さん、柴田政明さん、今井重孝さん、小林一紀さん、臼井健二さん、杉浦明巳さん、神山智子さん、川瀬十三男さん、上杉志朗さん、石塚オサムさん、内山博史さん、他ゲゼルメーリングリストの皆様。それからレインボーリングの立ち上げの際にご協力頂いた岡本功さん、菊地葉子さん、山口岳さん、川村真澄さん、横山一夫さん、椎原正昭さん、岡崎昌史さん、浅田和幸さん、谷崎テトラさん、河千田健郎さん、和沢秀子さん、斉藤浩さん、谷美緒さん、祷真理子さん、夏井瑶子さん、志賀由美さん、長内勇治さん、嘉規みどりさん、小川真美さん、村山知子さん、山下陽子さん、藤田信治さん、安島榮祐さん、伊藤義人さん、吉田薫さん、他大勢の皆様。また、出版に際しご尽力頂きましたアースデイ二〇〇〇事務局の安在尚人さん、北斗出版の森元之さん、本当にありがとうございました。

二〇〇〇年四月

あべよしひろ

# だれでもわかる地域通貨入門《ちいきつうかにゅうもん》

森野栄一　監修
あべ よしひろ・泉 留維　共著

## 著者紹介

森野 栄一(もりのえいいち)
1949年、神奈川県生まれ。
國學院大學大学院経済学研究科博士課程修了。
経済評論家、ゲゼル研究会主宰。著書、論文は『エンデの遺言』(共著、ＮＨＫ出版)「情報資本主義と金利生活者の繁栄」(「情況」98年8、9月号) など多数。

あべ よしひろ
1964年、横須賀生まれ。
関東学院大学文学部社会学科卒。
「ネットワーク地球村」会員。
「永続可能な社会の実現を目指すグループＮ・Ｗ・Ｏ」代表。
「レインボーパレード」実行委員。
「ＬＥＴＳ普及実行委員会 レインボーリング」世話人。

泉 留維(いずみるい)
1974年、広島県生まれ。
2000年、同志社大学大学院経済学研究科修士課程修了。
現在、東京大学大学院総合文化研究科博士課程在籍。

2000年 5 月31日　初版第1刷発行
2002年10月15日　初版第4刷発行

発行所
株式会社 北斗出版
郵便番号 101-0051
東京都千代田区神田神保町1－8　第二野口ビル
電話(03) 3291 － 3258　FAX (03) 3291 － 2074
振替 00160-8-27052
E-mail：hokutos@abelia.ocn.ne.jp

印刷・アベル社 ＋三和印刷　製本・松島製本



ISBN4-89474-011-7　C0036